# LA VÍA MEXICANA AL NEOLIBERALISMO

## Gibrán Domínguez

Editora Nómada

*La vía mexicana al liberalismo* / Gibrán Domínguez
Ciudad de México: Editora Nómada, 2019.
96 pp. ; 15 x 22.5 cm.

ISBN: 978-607-98512-2-4

Neoliberalismo mexicano — Globalización  — Crisis socioe-
conómicas en México — Historia socioeconómica de México

Primera edición, 2019

©Editora Nómada
Belisario Domínguez 17-B
Coyoacán, CDMX, 04000
contacto@editoranomada.mx

Edición y diagramación: Katia Ibarra
Imagen de portada: Grabado de José Guadalupe Posada

ISBN: 978-607-98512-2-4

# Índice

# INTRODUCCIÓN

En septiembre de 1970 Salvador Allende ganó las elecciones presidenciales de Chile. Lejos de toda ortodoxia, la Unidad Popular propuso que el tránsito al socialismo debía realizarse de manera pacífica, mediante el sufragio. Con la victoria en las urnas, la *vía chilena al socialismo* se convertía en una realidad que contrastaba, por ejemplo, con la Revolución cubana o la lejana Revolución de octubre.

Como es sabido, el gobierno de Allende terminó de manera abrupta y violenta; la dictadura de Augusto Pinochet cambió el panorama político y económico por completo. El "ladrillo" –propuesta elaborada por un grupo de economistas chilenos, que se habían formado en la Universidad de Chicago–, junto a sus autores, fue incorporado al gobierno golpista, y Chile devino así en uno de los primeros países del mundo donde la doctrina neoliberal se aplicó de manera decisiva.

Años después, con la llegada de la libre fluctuación del dólar (1974), el fin del "socialismo real" y las crisis económicas latinoamericanas de las décadas de los 80 y 90, el neoliberalismo emergió como el modelo económico predominante a nivel global. De este modo, la doctrina que había nacido prometiendo la libertad de elegir acabó por imponerse como una opción para la cual no existían alternativas. Los gobiernos se vieron obligados a adelgazar sus aparatos estatales, a efecto de poder recibir apoyos que les permitieran hacer frente a sus deudas. Estas medidas, aplicadas casi sin considerar particularidades locales, terminaron por romper estructuras políticas y sociales.

Si el triunfo electoral de Allende representó la vía chilena al socialismo, las crisis económicas y los rescates financieros, que se presentaron en las dos últimas décadas del siglo XX, abrieron paso a lo que bien podría denominarse *la vía mexicana al neoliberalismo*. Desde luego, las crisis en México no fueron endógenas: estallaron en un contexto internacional que desbordaba optimismo por la expansión financiera, y para el cual el caso mexicano dio los primeros avisos de alerta sobre su fragilidad. México fue, entonces, la puerta de entrada para la liberalización de los mercados en la última parte del siglo XX; se convirtió en el ejemplo de lo que las demás economías en crisis debían hacer para ser "rescatadas".

Un recuento breve de esta *vía mexicana*, que tuviera especial consideración por los momentos determinantes y las condiciones internacionales que los germinaron, es lo que este libro pretende ofrecer. No busca aportar elementos novedosos en el sentido academicista, sino elaborar –lo que sí es una novedad para nuestros días– un relato sencillo que ayude a comprender los porqués y los cómos que provocaron la adopción del modelo que ha regido la economía mexicana durante más de 30 años, y al que desde hace no mucho se le ha vuelto a llamar por su nombre.

# LA GLOBALIZACIÓN INTERRUMPIDA

## 1. La primera globalización económica

La economía de cualquier país, como toda actividad humana, cambia constantemente. Es decir, las reglas y las características que la rigen, así como los objetivos que persigue, se van modificando y adecuando a las condiciones y a los factores (internos y del exterior) que cada periodo histórico presenta, pero que al mismo tiempo influyen fuertemente sobre ellos. De este modo, para poder comprender la situación actual, es necesario conocer cómo y por qué han cambiado los rasgos de la economía internacional y cuáles han sido las etapas por las que ha transitado.

De inicio, debe tomarse en cuenta que las economías nacionales forman parte de una economía internacional y que no pueden funcionar independientemente de las otras. De igual manera, los países y sus economías se insertan en el fenómeno de la globalización que, desde una perspectiva económica, puede ser definido como el proceso asociado al incremento de la apertura, interdependencia e integración económicas, dentro de la economía mundial. Sin embargo, debe advertirse que la interdependencia es asimétrica entre los países desarrollados y los subdesarrollados.

Distinto a lo que generalmente se cree, la globalización económica no es un fenómeno nuevo. Lleva algo más de cien años. La primera de las crisis financieras de carácter internacional, por ejemplo, ocurrió en 1873. Inició en Austria, en Europa, y sus efectos repercutieron en distintas naciones alrededor de todo mundo. Desde entonces hasta la fecha ninguna de las crisis que ha aparecido afecta únicamente al país donde se origina. Aquella primera crisis internacional sucedió durante la época de la *primera globalización económica*, que fue un periodo de una extensa liberalización del mercado mundial que sucedió entre 1870 y 1914. Durante estos años, la intervención estatal en la actividad económica fue mínima, mientras que el comercio, las finanzas y las inversiones internacionales experimentaron una expansión como nunca se había presentado hasta entonces.

Este crecimiento económico fue posible gracias a las innovaciones tecnológicas que surgieron durante la Segunda Revolución Industrial, especialmente las relacionadas con las comunicaciones y el transporte (la sustitución de los barcos de velas por los de vapor, la intensa construcción de vías férreas en casi todo el mundo, la invención del telégrafo, etcétera), pues redujeron el tiempo, los costos y las distancias.

Durante esta época, gran parte del mercado internacional se conformaba por el comercio intersectorial, en el cual se intercambiaban bienes primarios de intercambio (usualmente llamados *commodities*) por bienes manufacturados. Más de la mitad de la inversión extranjera se destinaba al sector primario (explotación de materias primas), seguido por el transporte (como el ferrocarril o el transporte marítimo) y la distribución de mercancías; finalmente, al sector de manufactura (la transformación de las materias primas).

El crecimiento comercial fue acompañado de grandes migraciones internacionales por causas laborales, sobre todo desde Europa hacia América. Entonces prácticamente no existían restricciones de movilidad (el pasaporte no se exigía en casi ningún país). En aquellos años alrededor de 50 millones de europeos migraron: dos terceras partes hacia Estados Unidos de Norteamérica, y el resto a Canadá, Australia, Nueva Zelanda, Sudáfrica, Argentina y Brasil.

El mercado financiero internacional también experimentó un auge en aquellos años del capitalismo de finales del siglo XIX. Si bien los flujos de capital eran proporcionalmente menores a los de hoy en día, debido a que la emisión de dinero estaba delimitada por el sistema del patrón oro,[1] los préstamos hechos por los bancos financieros crecieron y se destinaban a empresarios y gobiernos para que realizaran principalmente inversiones de largo y mediano plazo: construcción de vías férreas, producción de materias primas, etcétera. Por tal motivo, el número de bancos se multiplicó alrededor de todo el mundo, consolidándose así el mercado del crédito. Esta situación revolucionó el sector, pero

---

[1] De acuerdo con Carlos Marichal, historiador especializado en economía, el sistema del patrón oro era, en esencia, un conjunto de reglas sobre el manejo de las políticas monetarias, que se basaba esencialmente en tres principios: *1)* Un tipo de cambio fijo para la moneda; *2)* la libre convertibilidad de monedas y billetes en oro, y *3)* libertad de flujos internacionales de oro y capitales. "Esto implicaba que los tenedores de billetes bancarios en cualquier país que adoptara este sistema debían tener la seguridad de que podrían cambiar sus billetes por metálico. Al mismo tiempo, los inversores extranjeros podían tener la certeza de que si querían recuperar sus inversiones podrían realizarlas en oro". Marichal, Carlos, *Nueva historia de las grandes crisis financieras. Una perspectiva global, 1873-2008*. México: Debate, 2010, p. 56

también contribuyó a que adquiriera un carácter totalmente frágil debido a la baja regulación que existía y a la gran variedad de factores que podían desestabilizarlo. De hecho, la crisis financiera mundial de 1873 demostró la fragilidad del sistema y dejó ver que los desequilibrios bancarios de una región del globo afectaban casi de manera inmediata a otras naciones: el pánico que provocó la inestabilidad en Austria ocasionó que más de cien bancos quebraran tan solo en Estados Unidos, que la emisión de préstamos se redujera, que las grandes potencias mundiales retiraran sus reserva de oro de los países subdesarrollados, que se suspendieran obras de inversión (y se despidieran a empleados), que se redujera la demanda y el precio de los *commodities* y que incluso países de América Latina, como Perú, tuvieran que declarar su incapacidad de pagar la deuda que habían adquirido. La desaceleración económica ocasionada por la crisis de 1873 duró algunos años más (por ejemplo, en Estados Unidos sus efectos se prolongaron hasta 1877), aunque poco después se presentaron casi tres décadas de crecimiento económico internacional. El crecimiento económico global, no obstante, se vio continuamente interrumpido por otras crisis financieras mundiales en 1890, 1893, 1907, y así hasta el inicio de la Primera Guerra Mundial (también llamada la Gran Guerra), en 1914. Con este suceso llegaría a su fin la era del *laissez faire* o la *época de la primera globalización económica*.

Es importante mencionar que el crecimiento y las ganancias en estos más de 40 años fueron siempre desiguales, pues los mayores beneficios se concentraron en un grupo pequeño de países, como Gran Bretaña, Francia, Estados Unidos y Alemania, y, para el caso de los países subdesarrollados, en las pequeñas élites locales. Debe aclararse también que la apertura económica total era, en varios aspectos, un mito. Las grandes potencias de Occidente practicaron el proteccionismo cuando lo creyeron necesario, y no dudaron en imponer las reglas del libre comercio en los países del mundo subdesarrollado.

El sistema económico basado en la exportación se caracterizó por su vulnerabilidad, especialmente para las naciones menos desarrolladas, debido al alto nivel de dependencia que tenían en relación con las grandes potencias. Si éstas sufrían alguna caída o disminución en su comercio, aquéllas presentarían reducciones en los niveles de exportación. Únicamente los Estados, que tenían una mayor diversificación en los productos que exportaban, pudieron sortear de mejor manera los efectos negativos que vinieran del exterior. De igual forma, la dependencia podía visualizarse en la fuerte influencia que los inversionistas de capitales extranjeros llegaban a tener en la toma de decisiones de las políticas locales. Es cierto que la economía basada en exportaciones facilitaba los créditos externos para inversiones, pero esta vía de "fácil capitalización" impedía en varios casos que los aparatos estatales hicieran las reformas fiscales necesarias para generar suficientes recursos públicos propios. Cuando los créditos se detenían o reducían, por cualquier motivo, generalmente los gobiernos no disponían de la suficiente capacidad para hacer frente a las carencias.

En América Latina, la búsqueda de mayores recursos ante el crecimiento de las exportaciones tuvo también graves consecuencias sociales. Por una parte, la necesidad de nuevas extensiones de tierra para la producción terminó por despojar de sus terrenos y lugares de residencia a la población campesina, particularmente a los grupos indígenas. Por otra parte, la industria de la minería o la manufactura ofrecían oportunidades laborales bajo condiciones de franca explotación: jornadas de más de 12 horas, trabajo infantil, carencia de servicio médico y de seguros para accidentes de trabajo, entre otras. Este tipo de acciones tuvieron como consecuencia, en distintas ocasiones, el estallido de conflictos, que en buena medida eran reprimidos con violencia. Cabe señalar que los gobiernos nacionales, cuando intervenían, lo hacían para mediar o conciliar y rara vez para defender los derechos de los trabajadores. La ideología del *laissez faire* de finales del siglo XIX y principios del XX tenía en mal concepto la injerencia del Estado en la actividad del mercado.

## 2. El Porfiriato o el *laissez faire* mexicano

Precisamente, dentro de este contexto internacional se desarrolló la economía en el México del Porfiriato (1877-1911). Si bien no se puede restar importancia a las decisiones que Porfirio Díaz Mori y sus ministros tomaron en materia fiscal y económica, las cuales dieron lugar a la transformación productiva del país, tampoco debe pasarse por alto que durante esos años otros estados de América Latina (como Brasil, Ecuador, Cuba, Colombia, Chile, Uruguay, etcétera) experimentaron un crecimiento parecido o mayor al mexicano. Argentina, por ejemplo, alcanzó niveles de desarrollo similares a los de varios países europeos avanzados.

México llegó tarde a la primera globalización económica. Los conflictos internos que venían desde antes de la Guerra de Reforma o la guerra contra el imperio francés (que impuso como emperador al austriaco Maximiliano de Habsburgo) habían dejado un país con una alta deuda internacional, una hacienda pública en quiebra, un enorme rezago social y una economía que aún arrastraba varias costumbres de la Colonia. El gobierno de Porfirio Díaz supo crear alianzas políticas, promover el comercio, afianzar el autoritarismo, reestructurar las deudas interna y externa, atraer inversiones extranjeras, y, en pocas palabras, generar un ambiente político-social estable y favorable para el crecimiento productivo. Para ello tuvo que recurrir al ofrecimiento de grandes concesiones y a reformas legislativas que garantizaran ganancias a los inversores, y que redirigieran al país hacia una economía enfocada primordialmente en la exportación (que estaría encabezada por la minería y la agricultura). La ley de baldíos y tierras ociosas, por ejemplo, regularizaba un proceso fácil de adquisición legal de nuevas tierras para los empresarios, el cual podía iniciarse con una simple denuncia formal de tierras desaprovechadas.

México llegó tarde a la primera globalización, pero su crecimiento fue más rápido que el de otros lugares. Entre 1877 y 1911 la economía avanzó al 2.7% anual, entre 1893 y 1907 el ingreso *per cápita* alcanzó un crecimiento de 5.1%, y la bancarrota llegó a su fin cuando, en 1895, se presentó el primer superávit fiscal. Los avances estuvieron estrechamente relacionados con la recuperación económica de Estados Unidos, luego de la crisis de 1873, pero el crecimiento también se vio favorecido por las inversiones provenientes de Inglaterra y Francia, que tenían una fuerte presencia en el país. Durante el porfiriato, las vías de ferrocarril pasaron de 5 852 kilómetros, en el año de 1885, a 19 280 kilómetros, en 1910 (de los cuales 42% estuvieron en manos de empresas de Estados Unidos y 35%, de Inglaterra).

Entre los productos destinados a las exportaciones (los *commodities*), se encontraban los agrícolas como el henequén, el caucho, el azúcar y el algodón; los minerales como la plata, el oro, el cobre, el plomo y el zinc, o bien, proveniente de otro tipo de extracción, el petróleo, aunque este último cobró relevancia a partir del siglo XX. Las regiones y sus asentamientos poblacionales se fueron configurando de acuerdo con el tipo de producción que se realizara (por ejemplo, Sonora con la minería, Nuevo León con la siderurgia, Veracruz y Tamaulipas con el comercio marítimo y la manufactura, etcétera), pero simultáneamente y a largo plazo el país fue adquiriendo una notable división: un norte con salarios altos para la producción agrícola (pero de cosechas temporales) y minera, trabajadores provenientes de otras partes del país y que migraban constantemente (incluso a los Estados Unidos); y el sur de las grandes haciendas latifundistas, de cosechas todo el año, con una fuerte arraigo a la producción agrícola tradicional, donde los peones (mano de obra necesaria) eran retenidos a base de deudas (que incluso se heredaban de una generación a otra) y bajísimas condiciones laborales (en las que el pago en la mayoría de las veces no se realizaba con dinero).

La riqueza se concentraba en grupos reducidos –integrados por hacendados, empresarios, propietarios de casas mercantiles, banqueros y profesionistas eminentes–, que estaban unidos por lazos de parentesco, amistad o negocios, y que al mismo tiempo invertían en el comercio, la industria y los bienes raíces.[2]

---

[2] Speckman, Elisa. "El Porfiriato", en *Nueva Historia Mínima de México*. México: El Colegio de México, 2008, pp. 378 y 379.

El siglo XX mexicano inició dando continuidad a la tendencia creciente de la economía, al menos hasta 1907. En ese año coincidieron distintos eventos económicos y sociales que marcaron el inicio de una serie de acontecimientos que terminaría con el estallido de la Revolución Mexicana.

En 1907 el mercado de los minerales, sobre todo el cobre, presentó una considerable baja, al igual que lo hizo el comercio de henequén en la península de Yucatán. A esta contracción del mercado se le unió la crisis financiera que iniciaría en los Estados Unidos, lo que implicó la disminución de empleos allá y la reducción de créditos y de inversiones para México por parte de los bancos norteamericanos, siendo la región norte la más afectada, debido a la cercana relación que mantenía con la dinámica comercial norteamericana. Ya para mediados de 1806, en Cananea, Sonora, trabajadores de la mina habían iniciado una huelga, exigiendo mayores salarios, menores jornadas laborales y equidad de trato entre trabajadores mexicanos y extranjeros. La movilización obrera fue fuertemente reprimida por *rangers* norteamericanos y soldados del ejército mexicano. En enero de 1907 la huelga que sostuvieron los obreros de la industria de textiles en Río Blanco, Veracruz (poco antes se habían presentado huelgas en Orizaba, Tlaxcala, Ciudad de México y Puebla), devino en un amotinamiento y enfrentamiento, que fueron disueltos también por la violenta intervención del ejército mexicano. Las rebeliones de trabajadores en Veracruz y Sonora no fueron las únicas que se dieron en aquel siglo XX que comenzaba, pero fueron las más representativas, pues dejaban ver que la inconformidad y las protestas sociales no se solucionaban tan sólo con la bonanza económica y la nula injerencia del Estado.

La Revolución puso fin a la estabilidad política y social de la primera globalización mexicana, pero para algunos sectores productivos el crecimiento de exportaciones duró hasta la década de los treinta, en la que las condiciones se complicaron a causa de la Gran Depresión de 1929. Durante los años anteriores a la crisis, los países involucrados en la Primera Guerra Mundial y también durante la posguerra demandaron grandes cantidades de materias primas, que en buena parte se importaban de los países subdesarrollados del continente americano.

## 3. El periodo de entreguerras

Con el fin de la Gran Guerra, la economía global se modificó en varios aspectos. Aunque Gran Bretaña continuó siendo la economía predominante internacional, Estados Unidos presentó una ascendencia que, después de la Segunda Guerra Mundial, desplazaría a los británicos. Poco antes del fin de la Primera Guerra Mundial, en 1917, la revolución rusa, liderada por Lenin –Vladímir Ilich Uliánov–, derrocó al zarismo e instaló el sistema socialista, el cual llevaría a la futura Unión de Repúblicas Socialistas Soviéticas (abreviado, URSS o Unión Soviética) a ocupar un papel protagonista en el panorama internacional durante y posteriormente a la Segunda Guerra Mundial.

De hecho, debido a los estragos que la Primera Guerra Mundial dejó en Europa, Estados Unidos se convirtió prácticamente en el principal acreedor del mundo. Este nuevo papel lo hizo emprender, junto a Gran Bretaña, una campaña para reestablecer internacionalmente las bases del libre mercado, anteriores al inicio de la Guerra. La "desregulación" se hizo en algunos casos con tanta premura que ocasionó que los precios de muchos productos del mercado internacional se dispararan. Los años que comprendió el periodo de 1919 a 1925 se caracterizaron por presentar constantes inflaciones en todo el mundo, que en ocasiones eran acompañadas por extremas deflaciones previas o posteriores. En la segunda década del siglo XX el mercado crediticio internacional presentó un auge, especialmente para los bancos. En Estados Unidos éstos se multiplicaron y muchos de ellos ampliaron su presencia en el exterior. Así, los gobiernos nacionales pudieron hacerse de recursos, desde los primeros años de la posguerra, a través de créditos privados.

El optimismo que ocasionó la bonanza crediticia hizo que Estados Unidos, siempre apoyado por Gran Bretaña, impulsara el regreso al patrón oro, que varios países habían abandonado al iniciar la guerra (con el propósito de poder emitir más dinero que el gasto bélico requería). La campaña fue exitosa, pues para finales de esa década más de 50 naciones habían vuelto a adoptar el viejo sistema de intercambio. Durante el proceso las instituciones económicas presentaron uno de los avances históricos más importantes: los países, impulsados por Estados Unidos, fundaron sus propios bancos centrales (México lo haría en 1925 y crearía el predecesor del actual Banco de México), lo que generó un cambio en el papel que los gobiernos desempeñaban en la actividad financiera. Sin embargo, el patrón oro no volvió a funcionar como lo había hecho antes y los niveles de comercio apenas fueron similares a los que se presentaron durante la década de los 70 del siglo XIX.

En un ambiente donde predominaba la inestabilidad, aunado a una serie de factores, circunstancias y malas decisiones, tanto políticas como económicas (las cuales siguen siendo motivo de discusión para los economistas), se presentó inesperadamente la Gran Depresión de 1929. Ésta llevó a la quiebra a una grandísima cantidad de bancos alrededor del mundo. El mercado crediticio disminuyó a niveles nunca antes conocidos desde la primera globalización y, en consecuencia, el comercio internacional también cayó abruptamente: entre 1928 y 1932, el valor de las importaciones y las exportaciones mundiales se redujeron en 60%.

Como señala la profesora Rosemary Thorp, en la década de los treinta, el multilateralismo dejó de funcionar. La crisis trajo consecuencias de todo tipo. En lo económico hizo que los países abandonaran de nueva cuenta el patrón oro e incrementaran las medidas proteccionistas a favor de los mercados internos. Muchos países suspendieron el pago de su deuda con el exterior (adquirida, como se ha dicho, en gran medida a través de los bancos privados) y, a diferencia de ocasiones anteriores, ni las instituciones bancarias ni las grandes potencias presionaron para que se reanudaran a la brevedad. En lo político, la crisis marcó el inicio del ascenso de gobiernos de carácter nacionalista, en América Latina y en Europa. Estos gobiernos se caracterizaron, entre otras cosas, por promover la intervención del Estado en la actividad económica (como regulador y promotor). No obstante, los gobiernos nacionalistas eran al mismo tiempo muy distintos entre sí, sobre todo en los objetivos políticos que perseguían. En la misma década se presentó, asimismo, el establecimiento de los regímenes fascistas.

De nuevo, en un periodo de tiempo relativamente breve, los efectos económicos negativos se combinaron con los políticos, así como con los problemas no resueltos que había dejado la Gran Guerra; en conjunto, desembocaron directamente en el inicio de la Segunda Guerra Mundial.

Con el conflicto internacional, México y otros países de América Latina volvieron a padecer una reducción de sus exportaciones, las cuales habían comenzado a mejorar a partir de 1933, aproximadamente. La situación volvió a cambiar rotundamente cuando los Estados Unidos declararon su intervención en la Guerra. El país norteamericano incrementó las inversiones en países de América Latina a cambio de su apoyo hacia los países aliados. Curiosa e inusualmente, la política exterior estadounidense promovió un amplio control de los gobiernos latinoamericanos en la economía y buscó diversificar la producción en ellos. Esta circunstancia obligó a los sectores empresariales nacionales a trabajar de forma cercana con sus gobiernos. Los cambios significaron la fundación de las reglas del modelo económico basado en la sustitución de importaciones (generalmente conocido como *desarrollismo*), que prevalecería en México y otros países latinoamericanos durante más de 30 años, incluso antes de haber terminado la Segunda Guerra Mundial.

## 4. México: el fin del caudillismo y el inicio de la política económica institucionalizada

Cuando la Gran Depresión estalló, México vivía los primeros años del Maximato. Un periodo en el cual Plutarco Elías Calles conducía casi de forma unilateral la vida política del país, aunque había dejado desde 1928 la presidencia de la república, y las relaciones con los Estados Unidos no se encontraban en su mejor momento. Con la fundación del Partido Nacional Revolucionario (PNR), que fue el primer antecedente del Partido Revolucionario Institucional (PRI), Calles marcaría el inicio de una fuerte relación corporativista con los sectores trabajadores y otras fuerzas políticas. Años después, Lázaro Cárdenas fortaleció esta relación haciéndose además del apoyo de organizaciones campesinas, pues inició la mayor repartición de tierras para la agricultura que algún presidente mexicano había realizado: para el final de su gobierno, el ejido representaba prácticamente la mitad de la superficie nacional cultivada. La decisión evidentemente afectó a los grandes terratenientes, pero le atrajo también grandes apoyos políticos. Para ello, Cárdenas se vio en la necesidad de disolver el PNR y fundar el Partido de la Revolución Mexicana (PRM), integrado por cuatro sectores: obrero, campesino, popular y militar.

El reparto agrario, surgido de las nuevas bases de la constitución de 1917, que consideraba que el dominio del suelo y el subsuelo corresponden a la nación, no rindió resultados inmediatos para la producción agrícola comercial. Sin embargo, éstos llegarían en la década de los cuarenta, pues el aumento de la superficie cultivada implicaría con el tiempo el incremento de la producción. La situación agraria, junto con la expropiación petrolera de 1938, así como con la inversión de recursos públicos para el desarrollo económico y social (en carreteras, comunicaciones, créditos, educación pública, presas hidroeléctricas, etcétera), irían perfilando las bases hacia una economía mexicana basada en la industrialización y en la sustitución de importaciones.

Respecto de la vida política nacional, si con Calles se inauguró el corporativismo como una forma de vinculación entre las diversas fuerzas políticas y sociales que perduraría (aunque modificándose) durante todo lo que quedaba del siglo XX, Lázaro Cárdenas impuso la práctica presidencial de elegir, por la vía del partido oficial, al sucesor del presidente de la República. De hecho, la intervención del cardenismo en varios de los procesos electorales, así como el carácter social de sus políticas públicas, originaron la organización de grupos opositores, entre ellos, el Partido Acción Nacional.

Con la llegada de Manuel Ávila Camacho a la presidencia, se redujo el ritmo de repartición de tierras y la política económica nacional dio un giro hacia el desarrollo por medio de la industrialización. El cambio de política, no obstante, no implicó la disminución de la participación del Estado mexicano en la actividad económica. Como ya se mencionó, el inicio de la Segunda Guerra Mundial significó una amplia demanda internacional de productos mexicanos y de otras economías emergentes.

## 5. Liberalismos y marxismo

La primera globalización económica de finales del siglo XIX e inicios del XX tuvo como fundamento teórico la doctrina del liberalismo. Aunque esta corriente de pensamiento económico, también conocida como teoría clásica o del *laissez faire* (dejar hacer), se compone por diferentes ideas propuestas por varios autores en épocas distintas (que tuvo sus orígenes con la primera revolución industrial), sus bases podrían resumirse en algunos principios.

El liberalismo económico considera el intercambio comercial sin restricciones (como pueden ser las leyes o los impuestos) un "principio de libertad natural", que se funda en la idea de la realización del individuo que se dedica a perseguir y proteger sus propios intereses. De este modo, la total libertad de intercambio –se afirmaba– traería automáticamente una armonía natural de intereses, que a su vez produciría grandes ventajas económicas individuales. Desde esta perspectiva, sólo así sería posible producir el mayor bien para todos los miembros de una comunidad, que se consideraba la forma más practicable de la justicia. Con base en lo anterior, la tarea principal del Estado y del gobierno debía ser entonces, vigilar, proteger y garantizar el libre mercado y la propiedad privada.

En el ámbito político, el liberalismo también parte de una concepción naturalista de los derechos del ser humano: los seres humanos nacen iguales y con derechos fundamentales (como la libertad, la vida, la propiedad privada, etcétera), inherentes a su naturaleza humana. Con el propósito de garantizar su libre ejercicio, los individuos acuerdan crear una organización estatal, a la que le ceden tareas y facultades específicas y que será la encargada de vigilar el cumplimiento de los derechos y sancionar las violaciones a los mismos. Para el liberalismo político, el ejercicio del poder por parte del Estado debe ser otorgado –pero a la vez estar limitado– por un conjunto de normas, y debe ser distribuido de acuerdo con las funciones que desempeñe. Generalmente, se proponía que esta distribución y contrapesos de funciones se diera con la instauración de órganos judiciales, una asamblea legislativa y un aparato ejecutivo, y que la elección de los gobernantes tuviera lugar mediante la decisión de la mayoría de la población, es decir, a través de un sistema de democracia representativa. El pensamiento político liberal se apoyó, asimismo, en dos ideas fundamentales: que la política es prácticamente el único modo de llegar a acuerdos no coactivos entre intereses contrarios y que los procedimientos democráticos son prácticamente el único camino para llegar a esos acuerdos.

A pesar de que se desarrollaron de forma simultánea y vinculada, y además se basaban en la defensa de las libertades humanas, el liberalismo económico y el político son distintos entre sí, e incluso promovieron propuestas que llegaron a ser contrarias. La diferencia principal podría sintetizarse en que mientras el liberalismo económico considera que la ley siempre limita a la libertad, el liberalismo político asegura que la libertad sin ley resulta imposible.

Desde luego, la realidad política y económica en la que se implementó el liberalismo distó mucho de la teoría. Las críticas que surgieron especialmente en Inglaterra desde mediados del siglo XIX, en relación con las condiciones de explotación laboral en minas y fábricas (que involucraba también a mujeres y niños), ocasionaron la promulgación de leyes con cierto carácter social. La nueva legislación comenzó a regular aspectos como los salarios, las horas y las condiciones de trabajo o los servicios médicos de los trabajadores en caso de accidentes, aunque contravinieran y restringieran –sólo parcialmente– los principios ortodoxos del liberalismo económico.

En este contexto de crítica surgieron los escritos del filósofo y economista alemán Karl Marx, quien evidenció las contradicciones del sistema económico y sus prácticas. Para Marx, la formación de la clase trabajadora, que fue surgiendo en la medida en que la actividad económica se industrializó, implicaba necesariamente la configuración de una conciencia política de clase, que la llevaría hacia su ascenso al poder público.

Desde la perspectiva marxista, el libre mercado no provocaba el mayor bien para todos los miembros de la comunidad, como afirmaban los liberales. En cambio, el sistema económico ocasionaba una relación desigual entre el obrero y el patrón, vinculada únicamente por el pago del salario, en la cual la fuerza de trabajo representaba la mercancía que el obrero vendía. De este modo, la sociedad se encontraba formada por una clase propietaria de los medios de producción, que busca la generación de ganancias, y una clase trabajadora (el proletariado), sin más poder que el de su organización, que persigue el mejoramiento de su nivel de vida. Marx vio en este tipo de relación motivos suficientes para una potencial revolución proletaria.

La revolución llevaría al gobierno de la clase trabajadora, la cual, mediante la implementación del socialismo y la supresión de la propiedad privada, daría lugar a una verdadera igualdad social y, por ende, a una auténtica libertad.

La crítica de Marx se centraba en buena medida en la idea de que el sistema de derechos naturales que promovía el liberalismo, se trataba sólo de una justificación de la clase media para explotar al trabajador. Igualmente, afirmaba que el sistema capitalista entrañaba los elementos y contradicciones que ineludiblemente lo llevarían a su fin. Desde una noción histórica, basada en el progreso, Karl Marx consideró que el capitalismo era un momento necesario para el surgimiento del socialismo: así como el fin del sistema feudal ocasionó el ascenso al poder de la clase industrial y comercial (desplazando a la nobleza y el clero), el fin del sistema capitalista daría lugar al ascenso de la clase obrera. Sin embargo, por ser el proletariado la clase más baja de la estructura social (sin ninguna otra clase por debajo de ella), con su llegada al poder no tendrían lugar nuevas formas de explotación sino la abolición de la explotación misma y, por lo tanto, de la desigualdad social. Éste sería "el primer paso hacia una sociedad sin distinciones de clase social y el verdadero comienzo de la historia como un proceso de realización plena del hombre".[3] Para hacer posible este cambio, creía necesaria la revolución social. "La lucha de clases conduce necesariamente a la dictadura del proletariado... esta dictadura misma sólo constituye la transición hacia la abolición de todas las clases y hacia la sociedad sin clases", escribió Marx en 1852. En suma, el marxismo estimaba la teoría clásica como la teoría de la economía capitalista. A diferencia de los pensadores liberales, el Estado y sus instituciones políticas no eran el producto de un acuerdo tomado por los miembros de una comunidad. Por el contrario, eran una forma en que la clase propietaria de los medios de producción mantenía la explotación sobre la clase trabajadora: las instituciones políticas y jurídicas hacían parte de lo que llamó una *superestructura*, que se establece sobre las relaciones de producción que conforman la *estructura*. Al llegar a una determinada fase de desarrollo, advierte el economista alemán, las fuerzas productivas materiales chocan con las relaciones de producción existentes, abriéndose de este modo una época de revolución social.

---

[3] Sabine, George, *Historia de la teoría política*. México: Fondo de Cultura Económica, 1982, p. 547.

Tanto el liberalismo como el marxismo fueron teorías que influyeron fuertemente en el desenvolvimiento económico del fin del siglo XIX y casi todo el siglo XX (así como también lo fueron las ideas anarquistas). En México, por citar un solo ejemplo, Lázaro Cárdenas inició una campaña de educación socialista. La importancia de ambas doctrinas se hizo más notoria cuando, una vez terminada la Segunda Guerra Mundial, las dos potencias hegemónicas surgidas del conflicto bélico –Estados Unidos de Norteamérica y la Unión Soviética– dieron inicio al periodo de la Guerra Fría que fue, entre otros muchos aspectos, una competencia por hacer prevalecer a escala mundial uno de los dos sistemas económicos que las teorías proponían.

Debe señalarse que las mismas teorías sufrieron modificaciones. Para el caso del liberalismo, terminó por un imponerse una nueva teoría clásica, denominada *neoliberalismo*, en tanto que el Marxismo fue reinterpretado en un principio por Lenin y fue modificándose cada cierto tiempo durante el mandato de Stalin, en Rusia, y de Mao Tse-Tung, en China.

Dentro del contexto de la Guerra Fría, la economía mexicana atravesó por distintos momentos, influida por las circunstancias internacionales, aunque se caracterizó por presentar un crecimiento más o menos estable y constante, basado en la sustitución de importaciones y en la intervención del Estado en la economía. Curiosamente, ese periodo de crecimiento concluyó con una serie de profundas crisis económicas. Éstas servirían de justificación para la implementación de las políticas neoliberales, las cuales modificaron la estructura socioeconómica del país de un modo radical y lo adentraron en la dinámica de la segunda globalización económica.

# EL MILAGRO QUE FUE

## 1. La época de oro

Poco antes de que la Segunda Guerra Mundial llegara a su fin, representantes de más de 40 países se reunieron en Bretton Woods, un poblado en Estados Unidos, para acordar las reglas del marco regulatorio que tendría la economía mundial una vez que el conflicto bélico terminara. Pero también para prevenir algunas de las consecuencias del posconflicto que no se habían tenido en cuenta al término de la Gran Guerra. Luego de largas e intensas discusiones, se decidió que debía continuarse con la promoción del libre mercado, y que, para controlar y vigilar el sistema financiero, e impulsar el crecimiento de los países afectados por la guerra, se crearían el Fondo Monetario Internacional (FMI) y el Banco Internacional de Reconstrucción y Desarrollo, el cual con el tiempo pasaría a ser el Banco Mundial. Si bien en sus primeros años de existencia ambas instituciones tuvieron una participación moderada, su papel cobró relevancia, sobre todo para las naciones latinoamericanas (incluyendo a México), en la última parte del siglo XX.

En el aspecto monetario, en Bretton Woods se acordó que en lugar del antiguo patrón oro funcionaría un sistema en el que el dólar sería la referencia a la cual las demás monedas deberían ajustarse, teniendo en cuenta una equivalencia de una onza de oro por cada 35 dólares. Igualmente, se sentaron las ideas precedentes al Acuerdo General de Aranceles y Comercio (GATT, por sus siglas en inglés), que posteriormente terminaría por originar a la Organización Mundial del Comercio (OMC), vigente hasta estos días.

Es importante señalar que no todos los puntos de los *Acuerdos* de Bretton Woods se llevaron a cabo tal como se habían planeado. Por ejemplo, aunque en un principio se optó por implementar una libre convertibilidad de la moneda, pocos años después varios países prefirieron aplicar ciertos controles de cambio, debido a fuertes devaluaciones que sufrieron algunas naciones, como Gran Bretaña. El libre mercado también se vio limitado. De hecho, buena parte de los Estados, sobre todo los de América Latina, adoptaron medidas proteccionistas (como altos aranceles) a las importaciones, con el objetivo de promover la industrialización nacional con un importante impulso estatal. El resultado fue que la actividad económica internacional presentó, sobre todo a partir de 1947, una recuperación que con el tiempo se convirtió en un crecimiento sostenido durante prácticamente 25 años.

A este periodo de expansión económica, y con pocas crisis financieras, se le conoce como la *época de oro* del capitalismo y su surgimiento se debió a factores y circunstancias que van más allá de los acuerdos de Bretton Woods. En primer lugar, debe tenerse en cuenta que al finalizar la guerra, Estados Unidos emergió como la superpotencia –económica y militar– de Occidente: para 1945 su producto bruto "representaba más de 60 % del total de las 15 economías más poderosas del planeta",[4] produjo más de 50 % de los bienes manufacturados en el mundo, poseía la mitad de los medios de transporte marítimos a nivel internacional y era el origen de un tercio de las exportaciones mundiales. En segundo lugar, Estados Unidos lanzó el Plan Marshall, un programa de apoyo económico (de alrededor de 12 mil millones de dólares) para la reconstrucción de Europa Occidental, y otro para Japón (aunque de una suma mucho menor). Una disciplinada implementación de estos recursos llevó a Europa hacia un crecimiento y el desarrollo de las industrias electrónica, petroquímica, automotriz, de bienes de capital,[5] etcétera. En tercer lugar, hubo consenso de las clases políticas en relación a la necesidad de que los Estados participaran en la economía con grandes inversiones públicas. En cuarto lugar, la participación de los mercados financieros era limitada pues "se dedicaban, sobre todo, a la compra-venta de bonos del gobierno y/o de valores de empresas grandes y sólidas, lo que disminuía la volatilidad".[6] Finalmente, no puede pasarse por alto que este crecimiento generalizado tuvo lugar dentro del contexto de la Guerra Fría, en el que ninguna de las dos grandes potencias mundiales, los Estados Unidos ni la Unión Soviética, permitiría dejar ver las debilidades del modelo económico que promovía.

A diferencia de Europa, América Latina no recibió apoyo alguno de Estados Unidos para la recuperación

---

[4] Marichal, Carlos, *op. cit.*, p. 154.

[5] Los bienes de capital se compone por la maquinaria, equipos, etcétera, que se utilizan para la elaboración de productos, servicios u otros bienes de consumo (como automóviles, refrigeradores, calzado, etcétera).

[6] Marichal, Carlos, *op. cit.* p. 163.

económica, aunque lo solicitó en más de una ocasión (en las conferencias internacionales realizadas en 1945, 1947 y 1948). Tampoco había sufrido los estragos que vivió el viejo continente. Latinoamérica no era una prioridad para Estados Unidos, por lo que éste no destinó recursos económicos. En cambio, sí promovió la inversión de las empresas norteamericanas, que se incorporarían a los procesos de industrialización de la posguerra, sobre todo en México y Brasil. La postura de Estados Unidos hacia América Latina cambiaría, como se verá, a partir de 1959.

Entre 1950 y 1970 los países latinoamericanos presentaron un crecimiento promedio anual de 5 % de su Producto Interno Bruto (PIB), y de 3 % para el producto *per cápita* (1945-1973), que fueron acompañados por una explosión y un cambio demográficos: la tasa anual media de crecimiento poblacional fue de 2.7 % en esos mismos años, mientras que la tasa de mortalidad descendió 50 % o más entre 1930 y 1960. Por otro lado, se presentó una importante migración desde las zonas rurales a las ciudades, lo que provocó un crecimiento urbano del promedio de 4.1 % anual.

La industria se dedicó principalmente a la producción de bienes de consumo y bienes de consumo durables. Para proteger el mercado, los gobiernos impusieron altas barreras a los productos manufacturados en el extranjero, pero la decisión implicó necesariamente la importación de bienes de capital. Asimismo, presentaron un auge la industria energética (como la producción de energía eléctrica y el petróleo), la telefonía y en algunos casos (México y Brasil) la producción de bienes intermedios, como el vidrio o el acero. De este modo, el crecimiento en América Latina se fundó en una alianza tripartita conformada por el Estado, los inversores transnacionales y el joven empresariado nacional.

El desarrollo económico, basado en el modelo de industrialización hacia adentro –también conocido como industrialización por sustitución de importaciones (ISI)–, encontró un sustento teórico en los estudios y propuestas generados por un grupo de economistas de la Comisión Económica para América Latina (la CEPAL, un organismo dependiente de las Naciones Unidas), encabezado por el argentino Raúl Prebisch. En 1949 la *tesis Prebisch* sostenía –en resumen– que para que la región pudiera superar la dependencia de la exportación de materias primas, caracterizada por bajos salarios y alta volatilidad, los gobiernos nacionales debían de fomentar activamente la industrialización, ya fuera mediante la inversión de recursos públicos o bien a través de la atracción de inversiones directas provenientes del exterior. La propuesta de la CEPAL sirvió para legitimar las acciones que algunos países ya venían realizando (entre ellos México), así como para impulsar a aquellas naciones que aún no tomaban medidas en este sentido (como las de Centroamérica que se incorporaron tardíamente a la "época de oro").

En 1959 triunfó la Revolución Cubana, liderada por Fidel Castro Ruz, y las relaciones entre los Estados Unidos y el resto del continente cambiaron de forma sustancial. Para 1961 el presidente John F. Kennedy en un afán de limitar la influencia político-económica de la Unión Soviética en América, lanzó la Alianza para el Desarrollo, un programa de apoyos económicos para la región que aportaría 20 mil millones de dólares en 10 años a políticas destinadas a la integración, la reforma agraria, la reforma tributaria, inversión en el sector social, etcétera. Así, en 15 años, Estados Unidos cambió su postura de negar programas de recuperación económica y oponerse a la repartición de tierras (teniendo en el apoyo al derrocamiento del presidente de Guatemala, en 1954, uno de los casos más extremos) a proponer un plan de financiamiento e impulsar las reformas agrarias nacionales. Sin embargo, la Alianza para el Desarrollo imponía ciertas restricciones para acceder a los financiamientos que dificultaron su implementación. Por ejemplo, gran parte de los recursos debía gastarse en bienes estadounidenses y transportarse obligatoriamente en barcos del mismo país. A su vez, las reformas agrarias tuvieron resultados muy distintos en cada nación y en casos como el de Brasil y Argentina no se llevaron a cabo.

Extrañamente, en este periodo de apogeo económico, no se diseñaron ni se llevaron a cabo reformas fiscales que permitieran a los gobiernos locales hacerse de mayores recursos públicos. La forma más práctica que encontraron para contar con recursos fue la contratación de deuda. La ausencia de reformas fiscales trajo una serie de desequilibrios, que ocasionarían, a finales de la década de los 60, una desaceleración e inflación generalizadas. Entre otros aspectos, los gobiernos, al recurrir a préstamos internacionales, crearon un déficit en las balanzas de pagos, lo que eventualmente ocasionaría menores inversiones públicas en las economías nacionales. También, la veloz expansión de exportaciones hizo que países desarrollados impusieran barreras a las importaciones. Finalmente, la situación orilló a los países latinoamericanos a solicitar préstamos al FMI, con las rígidas condiciones y recortes de gasto público que el organismo internacional exigía y que acabarían por provocar recesión y estancamiento.

## 2. El milagro mexicano

México supo aprovechar el momento internacional de crecimiento económico e insertarse en él. Entre 1960 y 1978 el país creció a un promedio anual del PIB de 6 %, en tanto que el promedio del PIB *per cápita* fue superior a 3 %, para los años que van de 1933 a 1982. Por tal motivo, a este largo periodo de bonanza económica se le conoce, en general, como el "milagro mexicano".

Los gobiernos que sucedieron al de Lázaro Cárdenas dieron prioridad al fomento de la industrialización, pues consideraban que era el camino que llevaría al país hacia la modernidad y la única vía para salir del subdesarrollo. Al igual que en otras partes del globo, se fijaron barreras que protegían la producción interna, pero la sustitución de importaciones, como tal, ocurriría a partir de la segunda mitad de los cincuenta. Antes de 1954, año en el que el peso sufrió una devaluación ante el dólar, la producción nacional de bienes de consumo se destinaba principalmente a satisfacer casi la totalidad de la demanda interna y, en realidad, había pocos productos que importar. La protección del mercado interno (en su mayoría de bienes de consumo) consistía en aislarlo casi completamente de la competencia externa. Las medidas dieron buenos resultados por un amplio periodo de tiempo, pero, a largo plazo, ocasionaron que el empresariado en México (que incluía también a los inversionistas extranjeros) vieran la protección como una función del Estado y que se preocuparan poco en mejorar y hacer más eficientes sus procesos productivos. Esta condición afectaría a largo plazo y negativamente los costos y la calidad de los productos ofertados.

El reparto agrario iniciado por Cárdenas continuó después de 1940 hasta 1980, periodo en el cual fueron entregadas 60 millones de hectáreas a ejidatarios, comuneros y pequeños propietarios, lo que incrementó la cantidad de tierras cultivables. Con la industrialización hacia adentro como meta principal, poco a poco la producción agrícola perdió lugar en la economía nacional. En 1940 la agricultura representaba alrededor de 10 % de la producción nacional, mientras que en 1970 pasó a ser sólo de 5 %. El crecimiento del sector pudo mantenerse, aunque con tasas cada vez menores: de 1945 a 1954 fue de 7 %; de 1954 a 1965, alrededor de 4 %, de 1965 a 1970, de 1.2 %, y de 1970 a 1976 fue de 2.6 %.

Los cambios que se presentaron en la actividad económica modificaron a su vez la estructura social nacional. Las ciudades crecieron aceleradamente: en 1935 tan sólo el 17 % de la población total vivía en localidades de 15 mil o más habitantes, y en 1980 ya era el 53 %. En ese mismo periodo, el porcentaje de la población económicamente activa que se dedicaba a trabajos relacionados con la agricultura pasó de 67 a 25. Otros indicadores también se modificaron de forma considerable.

El analfabetismo se reduce de 54 % a 16 % de la población mayor de quince años entre 1940 y 1980. La escolaridad de la población de 15 años o más pasa de 1.7 a 5.4 años en el mismo periodo. La esperanza de vida al nacer pasa de menos de 40 años en 1940 a setenta en 1980, y la mortalidad infantil se reduce de 159 a 53 por cada mil personas en esos mismos años.[7]

---

[7] Tello, Carlos, *Sobre la desigualdad en México*, México, Facultad de Economía UNAM, 2010. p. 194.

Todos estos cambios sucedieron, a su vez, en un contexto de explosión demográfica nacional: el país pasó de contar con una población de 19.6 millones de habitantes en 1940 a 67 millones en 1977 y más de 70 millones en 1980.

Gran parte de la participación del gobierno en la vida económica del país se destinó a las inversiones de infraestructura y servicios públicos. En estos años se crearon varias de las instituciones que hasta la fecha siguen vigentes. En 1942, el Congreso aprobó la ley mediante la cual se creaba el Instituto Mexicano del Seguro Social. En 1960 entró en vigor la ley del Instituto de Seguridad y Servicios Sociales de los Trabajadores del Estado. En septiembre de ese mismo año el presidente López Mateos nacionalizó la Compañía de Luz y Fuerza del Centro, que junto con la Comisión Federal de Electricidad conformarían el Sistema Eléctrico Nacional.

El modelo proteccionista de la industria nacional logró acelerar el dinamismo de la economía mexicana, especialmente en la década de los cincuenta. A partir de los 60, comenzó a mostrar ciertas deficiencias que, aunque no mermaron el crecimiento, sí acabarían por crear un cúmulo de problemas que estallaría con la crisis de 1982. El economista Enrique Cárdenas identifica tres debilidades que presentó la economía mexicana a partir de la década de los 60: una importante pérdida de competitividad, el colapso del sector agropecuario y el aumento de la dependencia financiera (sobre todo por préstamos internacionales). Este último aspecto alcanzaría dimensiones excesivas. Si a inicios de la década la deuda pública externa era de 813.3 millones de dólares, para 1970 sumaba un total de 3 mil 280.5 millones de dólares; en 1971, 4 mil 534.8 millones, y en 1976, más de 19 mil 600 millones. Debido a que el modelo exigía una amplia participación del Estado, el gobierno tendió a gastar más de lo que podía recaudar, por el temor de que una disminución de sus inversiones traería como consecuencia la desaceleración económica.

La balanza de pagos mexicana fue entrando progresivamente en un profundo desequilibrio. La única manera que el gobierno encontró para incentivar la economía fue aumentando su participación, ya fuera en el sector paraestatal o subsidiando a los productores privados o adquiriendo empresas que se habían ido a la quiebra. "Al iniciarse la década de los setenta, el sector paraestatal contaba con alrededor de 800 empresas, que incluían lo mismo a PEMEX, la CFE y otras que producían bicicletas".[8]

Conforme avanzaba el tiempo, para muchos era más que evidente que el país requería de ajustes presupuestales y de una reforma fiscal que le permitieran obtener mayores ingresos. En cambio, para el gobierno y el sector privado, los indicios señalaban que el camino de la protección seguiría siendo rentable y no se mostraron interesados en la liberalización de algunos sectores del mercado ni en la reducción de gastos. De 1958 a 1964 hubo varias propuestas de reforma fiscal y otros tantos intentos para que fuera aprobada por el Congreso de la Unión. Ninguno prosperó. Otra vía con la que el gobierno contaba para incrementar sus ingresos era el aumento de los precios de los bienes y servicios que proveía el sector público. Sin embargo, el temor a la inflación y a desincentivar la economía impidió que la medida se efectuara. Para 1976, con el fin del sexenio de Luis Echeverría, poco

---

[8] Aguilar Camín, Héctor y Meyer, Lorenzo, *A la sombra de la Revolución Mexicana*. México: Ediciones Cal y Arena, 2000, p. 201

podía hablarse del "milagro mexicano". El gobierno tuvo que recurrir al apoyo del FMI, el cual imponía a cambio fuertes condiciones como la reducción del déficit presupuestal y del endeudamiento externo.

## 3. Hacia la crisis de 1982

Para el año de 1971 Estados Unidos presentaba también un déficit en su balanza de pagos, el cual ascendía a 13 mil millones de dólares. Otros países, como Japón y Alemania, cuyas finanzas venían adquiriendo fortaleza y presentando un crecimiento sostenido, comenzaron a pugnar por una libre fluctuación de las monedas y la demanda de oro que esto implicaba. Debe tenerse en cuenta que la Reserva Federal norteamericana poseía las mayores reservas de oro y la "migración" del metal hubiera implicado el debilitamiento del dólar y el fortalecimiento de las otras monedas. Estados Unidos difícilmente permitiría que eso ocurriera.

El desequilibrio de la balanza de pagos estadounidense no se debía tanto a una cuestión comercial, sino al alto costo y gasto que representaba para sus finanzas la guerra de Vietnam. Incluso, en la segunda mitad de 1970, la Reserva Federal había autorizado la petición del presidente Richard Nixon de aumentar aún más la emisión del dinero con el propósito de solventar los gastos del conflicto (lo que implicaba el incumplimiento a la paridad de 35 dólares por onza de oro y la no garantía al respaldo equivalente en ese metal). Ante las presiones internacionales, lo poco sostenible de la situación y tras numerosas reuniones, en agosto de 1971 Nixon dio a conocer públicamente la nueva política económica que habría de implementar Estados Unidos, que incluía mayores acciones proteccionistas. Asimismo, el presidente informó que el país suspendería el intercambio de dólares por oro.

En 1973 y en un escenario tenso marcado por el inicio de la guerra de Yom Kippur (guerra árabe-israelí), seis países árabes de la Organización de Países Exportadores de Petróleo (OPEP) acordaron y anunciaron la subida del precio del petróleo, así como el embargo del combustible fósil que consumían distintos países de Occidente. Entre ellos se encontraba Estados Unidos. En este contexto, pasaron tan sólo 80 días para que el precio del barril se triplicara, lo que significó un aumento general de los costos de producción en todo el mundo, y con ello un importante crecimiento de la inflación en las economías.

El acto realizado por los miembros de la OPEP fue totalmente inesperado y el efecto ascendente en el precio de barril de petróleo se sumó a los problemas financieros con los que tenía que lidiar Estados Unidos. La consecuencia fue que la nación norteamericana abandonara completamente, a fines de 1974, el tipo de cambio fijo del dólar. Con la libre fluctuación de las monedas a nivel internacional, se abrió la puerta a la nueva etapa de la globalización financiera. Es decir, con la eliminación del proteccionismo en el intercambio de monedas, se ampliaron las oportunidades de participación de los bancos transnacionales en la economía global (particularmente a través de créditos privados para los gobiernos de todo el mundo y otros productos financieros, como los "petrodólares"). Era el fin de la vigencia de los Acuerdos de Bretton Woods.

Buena parte de estos préstamos internacionales fueron adquiridos por países latinoamericanos (tanto por instancias públicas como privadas), que vieron en ellos un modo fácil y barato (las tasas de interés eran bajísimas) de hacerse de recursos para poder continuar invirtiendo y sostener el ritmo de crecimiento nacional, en lugar de realizar reformas fiscales. Debe señalarse que las instituciones financieras internacionales, como el FMI, no observaron ni advirtieron sobre los posibles riesgos que esta tendencia hacia el endeudamiento y la sobrevaluación de las monedas podría causar. Otros organismos, tal como el Banco Mundial hizo con Perú, recomendaban financiar grandes proyectos a través de la contratación de préstamos. Adicionalmente, los gobiernos nacionales no se preocuparon por llevar un control ni elaborar registros confiables de información sobre la deuda de la que se hacían acreedores, aspecto que favorecía los actos de corrupción.

En 1979, el precio del petróleo presentó otro incremento importante, produciendo efectos hasta cierto punto contradictorios. Por un lado, representó un aumento más en los costos de varias de las industrias. Por otro, trajo a los países petroleros mayores recursos, que terminaban por convertirse en inversiones financieras o bien, fungieron como aval para la autorización de nuevos préstamos para las naciones subdesarrolladas como México. De cualquier modo, la inflación a escala global continuaba incrementándose.

Como respuesta para contrarrestar la inflación, en octubre de ese mismo año la Reserva Federal de Estados Unidos aumentó la tasa de interés que le cobraba a los bancos comerciales y las exigencias de reservas en el banco central, lo que produjo casi inmediatamente una disminución crediticia y que la economía mundial presentara una desaceleración. Entre 1980 y 1981 los Estados Unidos puso a la venta bonos con altos rendimientos, para hacerse de mayores reservas, lo que desalentó a los grandes bancos financieros a continuar efectuando préstamos a naciones subdesarrolladas, como las de América Latina. En consecuencia, estas naciones se vieron obligados a contratar más créditos, pero a plazos mucho menores y con muy altas tasas de interés. Cuando los plazos vencieron y debían ser pagados, los gobiernos de los países subdesarrollados no contaban con los recursos suficientes para hacerlo ni con el acceso a más préstamos que permitieran pagar su deuda.

El caso de México fue paradigmático y de gran protagonismo a escala global. En agosto 1982, el secretario de Hacienda mexicano anunció públicamente que el país no podía hacer frente a su deuda. Poco antes, ya había dado la noticia al FMI: el Banco de México únicamente contaba con un total de 180 millones de dólares cuando la deuda que debía cubrir a más tardar a finales del mes de agosto ascendía a los 300 millones de dólares. Y eso era sólo una parte. El total de la deuda mexicana equivalía al 44 % del capital de los nueve bancos más grandes de los Estados Unidos.

## 4. El consenso de Washington y las medidas neoliberales

Entre 1976 y 1977, pocos años después de que los países de la OPEP decidieran incrementar el precio del petróleo, México se encontró ante un hallazgo casi inesperado. Se trataba del descubrimiento de grandes yacimientos petrolíferos que lo ubicaron, de pronto, en el sexto lugar de los países con más reservas de este hidrocarburo. La producción de petróleo pasó entonces a ser el centro del desarrollo industrial y, de este modo, la política económica nacional se basó, de nueva cuenta, en la exportación de un producto primario. Como se sabe, basar la economía nacional en la exportación de materias primas la vuelve dependiente directamente del comportamiento (usualmente volátil) de los precios internacionales.

La orientación de la economía hacia la exportación de petróleo brindó en un principio cierta estabilidad, pero también postergó la necesaria reforma fiscal. Los años anteriores se habían caracterizado por un profundo descontento social (que tuvo un parteaguas en el movimiento estudiantil de 1968), desencuentros entre organizaciones de trabajadores y patronales, así como por una constante inflación, un desequilibrio en la balanza de pagos y en la balanza comercial, que llevaron, en 1976, a una devaluación del 100 % del peso, en comparación con el dólar estadounidense. Aquella fue la primera devaluación en los últimos 22 años (desde 1954). Durante los años setenta, la desigualdad social se acentúo gravemente: a inicios de la década, la burguesía industrial, agrícola y financiera nacional controlaba más de una tercera parte del capital interno, en tanto que el subempleo afectaba a casi la mitad (45 %) de la población económica activa.

Con el incremento de la producción petrolera y el alto precio internacional del petróleo, buena parte del gobierno de José López Portillo (entre 1978 y 1982) registró un crecimiento promedio del PIB de 8 %. A pesar de que fue uno de los ritmos de crecimiento más altos del mundo, los ingresos por la exportación de petróleo continuaron siendo insuficientes para pagar las importaciones (de productos agrícolas, así como de bienes de capital necesarios para la industria petrolera) y la deuda externa. Petróleos Mexicanos fue uno de los principales clientes de los bancos internacionales. Los bancos privados nacionales también contrataron deuda con instituciones exteriores. Estos préstamos internacionales se utilizaban para ofrecer préstamos en el interior del país, cobrando una tasa mayor a la internacional.

El ritmo de crecimiento basado en la exportación petrolera no pudo sostenerse al toparse con circunstancias adversas de la economía internacional. El estancamiento económico y la disminución crediticia que se presentaron con las medidas implementadas por la Reserva Federal de Estados Unidos se sumó a la baja del precio internacional del crudo en 1981. Con el anuncio de la incapacidad de pago, en 1982, el Fondo Monetario Internacional y la Reserva Federal de Estados Unidos acordaron apoyar al gobierno mexicano con nuevos fondos para que pudiera hacer frente a su deuda, procurando así que no se generara una crisis internacional mayor. A cambio, México se vio forzado a cumplir un programa de duros ajustes presupuestales.

Sin dar aviso alguno, y en dirección opuesta a los programas de ajustes pactados, el presidente José López Portillo anunció en sus últimos días de gobierno una nueva devaluación de la moneda y decretó la nacionalización de la banca comercial privada (es decir, los bancos mexicanos pasaron de manos de particulares a manos del Estado). "México no se ha acabado. No nos volverán a saquear", fue parte del discurso que López Portillo leyó al anunciar estas medidas en su último informe de gobierno. Se refería a la fuga de capitales que se presentó a partir de agosto de 1982. La decisión presidencial fue considerada por unos como muestra de auténtica desesperación, por otros como un acto de mero populismo o, inclusive, por un sector de la clase empresarial, como el primer paso del gobierno para imponer el socialismo en México.

La crisis mexicana se propagó en poco tiempo hacia casi todos los países de América Latina, que tenían también altos niveles de deuda externa. Ante esta situación, los países de la región se vieron obligados a negociar apoyos económicos con las instancias internacionales, en condiciones verdaderamente desfavorables. El caso mexicano era utilizado como ejemplo del deudor que cooperaba a cambio de la reprogramación de su deuda. Para muchos especialistas de la escuela neoclásica, la crisis significaba una oportunidad para que los gobiernos latinoamericanos abandonaran muchos de los viejos vicios. Se referían a que creían conveniente reducir los niveles de protección al comercio exterior y disminuir abruptamente la participación del Estado en las actividades económicas. Había comenzado la imposición de las medidas elaboradas por la escuela neoclásica.

Contrario a lo que se dijo que pasaría, con la adaptación de estas medidas en América Latina, el PIB *per cápita* bajó 8 % en los dos primeros años. Asimismo, el gasto social *per cápita* se redujo en un 10 % entre 1982 y 1986, y la tasa de desempleo pasó de 6.7 % en 1980, a 10.1 % en 1985. El número de hogares pobres pasó de un 35 % a un 37 % para el mismo periodo. El objetivo de alcanzar un superávit de la balanza de pagos, sin tener en cuenta las condiciones de cada país, trajo enormes costos sociales. Las devaluaciones de las monedas nacionales se vieron acompañadas por el incremento de los precios. En Brasil y Argentina, la inflación logró rebasar, en 1987, la tasa de 800 % de incremento. La inversión y el consumo *per cápita* también se redujeron y las importaciones cayeron a casi la mitad del nivel que presentaban antes de la crisis.

La liberalización del comercio y las finanzas, la desregulación de las actividades económicas, los cambios en las prioridades del gasto público, y la privatización (o el cierre) de varias empresas y servicios públicos eran vistos como la única manera de lograr la estabilidad económica. Al mismo tiempo, eran la llave para volver a tener acceso a créditos externos, pues las instituciones financieras internacionales exigían estas medidas como condición para aceptar la reprogramación la deuda.

De estas medidas, generadas a mediados de la década de los 80, tradicionalmente se dice que son el producto del "consenso de Washington". El término, sin embargo, fue creado por el economista británico John Williamson, en 1990, para poder denominar al paquete de las nuevas políticas ortodoxas que se estaban llevando a la práctica, mas no se refería propiamente a un acuerdo explícito surgido en alguna reunión en Washington.

Entre todas, la privatización resultó ser una medida particularmente atractiva, ya que permitía a los gobiernos contar con mayores recursos fiscales en poco tiempo, equilibrar la balanza de pagos y atraer la inversión extranjera (directa e indirecta). No obstante, se trataba de una acción que únicamente traía beneficios de corto plazo, por lo que tenía que ser acompañada de otro tipo de políticas fiscales y de disciplina en el gasto público (que no siempre fueron implementadas). Los procesos de privatización que se presentaron en América Latina fueron, en su momento, los más profundos, si se les compara con los llevados en otras partes del mundo. Lo anterior ocasionó un rompimiento de las estructuras económicas tradicionales. En Chile, por ejemplo, se llegó a privatizar los servicios públicos de salud y de educación, durante la dictadura de Augusto Pinochet.

A las nuevas políticas económicas ortodoxas se agregó la promoción de una nueva reforma agraria, con la cual se daba prioridad a la propiedad privada (entendida como propiedad individual) sobre los tipos de propiedad comunal o colectiva. Con ella se buscaba, según sus promotores, brindar mayor transparencia y certeza a la propiedad de la tierra, con lo que se facilitaría las "transacciones de bienes raíces" (como la compra-venta) o el acceso de los propietarios a créditos, obteniendo la posibilidad de utilizar su propiedad como garantía. Organismos internacionales, como el Banco Mundial, impulsaron las modificaciones legales y financiaron programas que hicieran posible la privatización de tierras comunales y la división de la propiedad colectiva. En México, esta reforma se dio en 1992, durante el gobierno de Carlos Salinas de Gortari. No sin motivos, muchos historiadores y economistas la consideraron un retroceso a los logros de la Revolución.

# EXUBERANCIA IRRACIONAL

## 1. El contexto: la segunda globalización

El fin de la vigencia de los Acuerdos de Bretton Woods trajo consigo el inicio de otro periodo de apertura económica, que presenta ciertas semejanzas con la que ocurrió entre los años 1870 y 1914. El fenómeno, que se extiende hasta estos días, dio sus primeras señas desde la segunda mitad del siglo XX: a partir de ese año, el intercambio comercial creció a tal ritmo que las exportaciones a nivel mundial pasaron de representar 61 mil millones de dólares en 1950 a 883 mil millones de dólares en 1975 y 6 billones 338 mil millones en el año 2000. Un crecimiento similar presentó la inversión extranjera directa para los mismos años. Por su parte, y a diferencia de la época del *laissez faire*, el flujo de recursos financieros en el último cuarto del siglo XX tuvo un enorme crecimiento, que se dio principalmente a través del mercado de divisas, los préstamos bancarios, los activos financieros y los bonos de gobierno.

Existen también otras diferencias entre ambos periodos de apertura económica. Por ejemplo, el flujo comercial entre 1870 y 1914 se constituía principalmente entre sectores. Es decir, generalmente los países intercambiaban entre sí *commodities* por bienes manufacturados. En la época actual, una creciente proporción del intercambio internacional se genera al interior de grandes firmas, con frecuencia bajo las estructuras de empresas transnacionales. La inversión durante este periodo se ha distribuido de un modo más desigual: si en el año de 1914, un 55 % del total de la inversión extranjera se dirigía a los países industrializados y un 45 % a los subdesarrollados, en el año 2000 las naciones industrializadas recibieron el 82 % y las subdesarrolladas tan sólo 16 %. La mayor diferencia, no obstante, se presentó en los niveles de flujo de trabajadores. Como se vio, en el siglo XIX eran prácticamente inexistentes las restricciones para la migración. Mientras tanto en la segunda mitad del siglo XX (y lo que va del XXI) la movilidad laboral hacia países desarrollados ha sido bastante limitada y restringida por las políticas que han implementado estas naciones.

Paradójicamente, el alto crecimiento del comercio y las finanzas internacionales de la actual fase de globalización no ha representado necesariamente el crecimiento de la economía mundial. Por el contrario, se presenció su desaceleración, al menos desde 1960. La tasa de crecimiento del PIB *per cápita* mundial pasó de 2.1 % anual en la década de 1970 a 1.3 % anual en la década de 1980 y a 1 % anual en la década de 1990.

La desigualdad económica se incrementó durante el último cuarto del siglo pasado entre los países ricos y pobres como entre las personas ricas y pobres. Los índices de pobreza aumentaron en la mayor parte de los países de América Latina, el Caribe y el África Subsahariana entre la década de 1980 y la de 1990.

El profesor de economía Deepak Nayyar ha identificado algunos factores a través de los cuales la globalización acentuó las desigualdades alrededor del mundo. Entre éstos, destaca:

- La privatización y la desregulación han traído como consecuencia que el capital haya generado ganancias a expensas del trabajo: casi en cualquier parte del mundo, las utilidades financieras han incrementado mientras que los salarios se han visto reducidos.

- Las reformas estructurales que redujeron las tasas de impuestos y flexibilizaron los mercados laborales también han influido en la reducción de los salarios.

- La libre movilidad del capital junto al reducido flujo internacional de trabajadores han cambiado profundamente las relaciones laborales y han disminuido el margen de incidencia de las organizaciones sindicales.

- La liberalización financiera, que presentó una veloz expansión de las deudas tanto públicas como privadas, se ha asociado con el surgimiento de una nueva clase, dueña de los activos financieros, cuya concentración de capital probablemente ha contribuido a una peor distribución del ingreso.

A decir del profesor Nayyar, desde el último cuarto del siglo XX, la globalización se ha caracterizado por un desarrollo desigual: para buena parte de los países subdesarrollados y su población, el proceso de integración a la economía global no ha traído los beneficios esperados, en términos de crecimiento económico o de reducción de la pobreza. Lo anterior se debe a que no se crearon previamente las condiciones necesarias, ya que el proceso de integración a la globalización se llevó a cabo de una manera acelerada.

La década de 1990 fue el escenario de un destacado auge del mercado financiero global. A este rápido crecimiento se adhirió un optimismo por las "bondades" que la globalización financiera venía presentando. Instituciones como el FMI o la Reserva Federal estadounidense no paraban de dar a conocer los beneficios y promoverlos en los países que aún presentaban algunas barreras a la desregulación financiera.

El periodo de esta expansión, a la que muchos economistas denominaron el *Big Bang*, se desenvolvió en un contexto marcado por el desarrollo de las tecnologías de la información, de la apertura de la bolsa de valores inglesa (que era la más grande del mundo, aunque pronto sería rebasada por la de Nueva York), a la participación de empresas financieras internacionales, así como de la caída del Muro de Berlín y el derrumbe de la Unión Soviética. El fin del régimen del "socialismo real" representó para muchos en Occidente el triunfo del capitalismo sobre el socialismo. En el ámbito político también abundó el optimismo. El ejemplo más claro es el del profesor y exfuncionario del Departamento de Estado de Estados Unidos, Francis Fukuyama, quien llegó a proponer en un artículo que aquel momento se trataba nada menos que del "fin de la historia", pues consideraba que a nivel mundial no había alternativa de modelo de desarrollo que permitiera mejores resultados que el capitalismo. Poco después de haber redactado su ensayo, en su libro *El fin de la historia y el último hombre*, Fukuyama señalaría que "la democracia liberal podía constituir el punto final de la evolución ideológica de la humanidad, la forma final de gobierno, y que como tal marcaría el fin de la historia".[9] Sin embargo, las altas expectativas de la expansión financiera no estaban del todo fundadas. Por el contrario, el riesgo de la volatilidad era enorme y muchos de los resultados no eran más que burbujas financieras. Si muchos economistas celebraban el *Big Bang*, otros, como el Premio Nobel Joseph Stiglitz, no veían en el fenómeno sino una "exuberancia irracional". Con el tiempo, otros autores harían ver que el nuevo sistema económico neoliberal podía incluso debilitar la democracia liberal y generar panoramas políticos propicios para el ascenso de gobiernos autoritarios.[10]

Las medidas favorables a la liberalización de la economía y la globalización fueron adoptadas e impulsadas por varios de los gobernantes de América Latina: entre ellos, Carlos Salinas de Gortari, en México; Carlos Menem, en Argentina; Fernando Henrique Cardoso, en Brasil; entre otros. Estas medidas neoliberales fueron incluso de mayor alcance y más extremas que las que hasta entonces se habían implementado a nivel mundial, lo que ocasionó la ruptura de muchas de las capacidades del Estado. Otros países, como Uruguay, fueron más reservados en la ejecución de las políticas neoliberales. De hecho, Uruguay mantuvo el mejor historial de bienestar social en América Latina durante la

---

[9] Fukuyama, Francis, *El fin de la historia y el último hombre*, Colombia, Editorial Planeta, 1993. p. 11.

[10] Por ejemplo, el sociólogo Immanuel Wallerstein sostuvo que "el neoliberalismo histórico no puede considerarse como una nueva versión del liberalismo. Ha adoptado el nombre, pero es, a fin de cuentas, diferente del liberalismo." Wallerstein, Immanuel, *Liberalismo y democracia, ¿hermanos enemigos?*, México, CEIICH-UNAM, 1998. p. 26

época de las reformas y fue el único país donde la distribución del ingreso mejoró, una vez superada la crisis de 1982. Contrario a lo planeado, luego de la crisis, a inicios de los ochenta y con los cambios en las políticas económicas de los países de América Latina, los montos de la deuda externa volvieron a incrementarse.

A excepción de los Estados Unidos de Norteamérica, varios de las naciones de Occidente y otras más de Asia presenciaron la desaceleración de sus economías. Japón, por ejemplo, sufrió en 1990 una enorme crisis financiera, cuyas repercusiones duraron por toda la década. En Europa el crecimiento se dio a un ritmo bajo y los índices de desempleo incrementaron notablemente: durante los ochenta y los noventa la tasa de desempleo de los miembros de la Unión Europea (que entonces comprendía menos países que hoy) era de 10 %, mientras que la de los integrantes de la Organización para la Cooperación y el Desarrollo Económicos (OCDE) fue alrededor de 7 %. La inestabilidad estuvo fuertemente marcada, en un primer momento, por la unificación de Alemania y, posteriormente, por el conflicto bélico del desmembramiento del estado yugoslavo. Ambos sucesos tuvieron lugar a finales de la década de los 80 e inicio de los 90, respectivamente.

Luego de una recuperación de los indicadores económicos, las crisis comenzaron a surgir a partir de la década de los 90 para los países subdesarrollados, especialmente en América Latina (México, Brasil, Argentina,) y Asia (Filipinas, Indonesia, Malasia, Tailandia). Los planes de rescate que pretendían reducir los niveles de deuda y mejorar las condiciones económicas y que fueron diseñados por los organismos financieros internacionales y adoptados por los países a finales de los 80, no tuvieron los efectos favorables esperados. Como lo resume Carlos Marichal:

> [...] las medidas adoptadas en México y Brasil, así como en Tailandia, Indonesia y Filipinas, permitieron solventar de forma gradual los desequilibrios monetarios y financieros e hicieron posible el rescate de inversionistas nacionales e internacionales, de bancos y empresas. En cambio no mejoraron (e incluso disminuyeron) el nivel de vida de los habitantes de los países deudores.[11]

## 2. México: de la inflación controlada a la crisis de los *tesobonos*

El primer año de gobierno de Miguel de la Madrid, quien ocupó la presidencia después de José López Portillo, registró un crecimiento económico de menos 54 por ciento. Para 1984 fue de 3 por ciento. En 1983 la inflación fue de 80 % y mayor al 100 % en 1986. Entre 1986 y 1988 la economía mexicana se vio seriamente afectada por la caída del precio internacional del petróleo. Es curioso notar que uno de los ejes de la campaña de De la Madrid había sido "desarrollo, empleo y combate a la inflación", cuando los seis años de su gobierno se caracterizaron por un estancamiento económico y un constante crecimiento de la inflación.

Tratando de resarcir el descontento ocasionado por las decisiones del gobierno anterior, de la Madrid buscó conciliar con la clase empresarial y financiera. Con esta finalidad, en 1983 volvió a poner a disposición del capital privado el

---

[11] Marichal, Carlos, *Nueva historia de las grandes crisis financieras. Una perspectiva global, 1873-2008*, México, Debate, 2010, p. 265.

34% de las acciones de la banca, que López Portillo había nacionalizado, y comenzó con una serie de privatizaciones de algunas de las empresas estatales. Para 1987, echó a andar el Pacto de Solidaridad Económica (PSE), el cual tenía como objetivo principal el control de la inflación de precios.

El PSE fijó las bases para las medidas económicas ortodoxas (neoliberales) que serían adoptadas por la política económica nacional. En el último año de gobierno (1987-1988), se logró la reducción del gasto gubernamental, gracias a la privatización o cierre de 98 empresas (y otras instancias) públicas, y la eliminación de 12 mil plazas de trabajo del sector público. La búsqueda de la apertura comercial inició con la desaparición de los permisos para la importación de productos (de consumo final, intermedios y de capital). Contrario a la tendencia de las potencias internacionales, el tipo de cambio de la moneda nacional se mantuvo prácticamente fijo y con una fluctuación controlada. El Pacto alcanzó importantes logros: la inflación había pasado de 159.2% en 1987 a 51.2% en diciembre de 1988. Para este mismo año, el PIB registró un crecimiento de 1.4 por ciento.

Con la llegada de Carlos Salinas de Gortari a la presidencia, el Pacto de Solidaridad Económica pasó a ser el Pacto para la Estabilidad y el Crecimiento Económico (PECE). Si bien el nuevo acuerdo buscaba continuar la lucha contra la inflación, se enfocaba sobre todo en lograr un crecimiento económico estable. Para ello, se aseguraba, eran necesarios recursos adicionales (externos) y la reducción de la carga de la deuda. Es decir, para poder alcanzar sus objetivos, el PECE priorizaba la creación de condiciones que incentivaran de nueva cuenta la inversión extranjera.

Como continuación a los programas de ajustes y apoyos pactados con el gobierno mexicano después de la crisis de 1982, en 1989, el Secretario del Departamento del Tesoro de los Estados Unidos, Nicholas Brady, dio a conocer un programa de reestructuración de la deuda que, a través de la reducción de los montos de la misma, tenía como objetivo estabilizar los mercados financieros mundiales y hacer que los bancos pudieran recuperar el equilibrio de sus finanzas. El programa, usualmente conocido como *Plan Brady*, contemplaba en su primera etapa implementarse en México. "El acuerdo básico consistió en el intercambio de bonos anteriores en posesión de los bancos e inversores, por nuevos, llamados *bonos Brady*, que eran instrumentos de deuda mexicana a largo plazo, pero con garantías por parte del Departamento del Tesoro de los Estados Unidos".[12]

La implementación del *Plan Brady* en México y los efectos que tuvo en el plazo inmediato sirvió para que otros países de América Latina, como Costa Rica, Venezuela o Chile –por citar algunos ejemplos– acordaran con instancias internacionales nuevos programas para la reestructuración de sus deudas.

El PECE dio sus primeros resultados en poco tiempo. En 1989, la inflación fue de 19.7 %, el PIB creció 3.3 % y el déficit financiero del sector público disminuyó del 12.5 % del PIB a 5.6 %. Esta reducción del déficit fue posible gracias a la disminución del pago de intereses, consecuencia de la reprogramación de la deuda. En 1990 el gobierno mexicano

---

[12] Marichal, Carlos, "Las crisis de deudas soberanas en México y el papel de los Estados Unidos, 1945-2055: ¿Cuál era el prestamista internacional de última instancia?", en *Revista de la Historia de la Economía y de la Empresa*, España, vol. VII, 2013, p. 173.

dio a conocer dos noticias importantes: en mayo anunció la reprivatización de la banca, y en agosto informó la decisión de negociar con Estados Unidos y Canadá un acuerdo de libre comercio (que entraría en vigor en 1994).

Esta serie de sucesos tanto nacionales como internacionales hicieron posible el flujo hacia México de capitales extranjeros, en mayor parte en forma de inversión de cartera. De hecho, de todos los países subdesarrollados, México fue el país que más capitales recibió. La confianza de los inversionistas extranjeros se debía, además, a la estabilidad que generaba el tipo de cambio relativamente fijo, cuyo valor se "deslizaba" de manera muy lenta, brindando seguridad al momento de hacer transacciones en dólares. Poco después, el sector privado nacional fue creciendo, lo que implicó el aumento del consumo y las importaciones. Por parte del sector público, las reservas del Banco de México incrementaron en 3 414 millones de dólares, y el déficit financiero disminuyó a 3.9 % del PIB, en 1990.

El gobierno de Salinas de Gortari continuó con las reformas al sistema económico mexicano que Miguel de la Madrid había iniciado. Y lo hizo de una forma más profunda. Por una parte, deben destacarse los cambios que se efectuaron en materia de liberalización de los mercados. El de mayor impacto fue, por supuesto, la firma del Tratado de Libre Comercio de América del Norte, junto con Estados Unidos y Canadá. Este acuerdo internacional buscó redirigir la actividad económica nacional de acuerdo a las condiciones de competencia con sus socios del norte, eliminando progresivamente las barreras hacia el mercado más grande del mundo. Igualmente, las reformas salinistas permitieron las inversiones en sectores del mercado que estaban reservados para mexicanos o para el Estado. Por ejemplo, se permitió la participación extranjera en la banca comercial, se reguló el sistema de concesiones de distintos servicios públicos (como aeropuertos, carreteras o puertos para que fueran operados por particulares). Para ello el Congreso de la Unión aprobó nuevas leyes como la de Inversión Extranjera, de Puertos, del Banco de México, de Competencia, etcétera. Igualmente, el Poder Legislativo modificó la constitución, en 1992, para dar lugar a la reforma del sistema de tenencia de la tierra, la cual ponía fin a la política del reparto agrario (producto de la Revolución Mexicana) y permitía el uso del ejido como "garantía" para que sus "propietarios" pudieran acceder a créditos y otros servicios.

La otra vertiente de las reformas emprendidas en el gobierno de Carlos Salinas fue el proceso de desincorporación o adelgazamiento del sector público, generalmente a través de la fusión, privatización o cierre de entidades públicas. Esta desincorporación se realizó con el fin –se decía– de reducir los gastos del Estado y permitir la participación del sector privado, a efecto de promover la competitividad en los sectores económicos.

De este modo, durante el gobierno de Carlos Salinas, el Estado mexicano pasó de controlar 1 155 entidades públicas, en 1988, a 618 a finales del año de 1993.[13] Como ejemplos de estas medidas se puede mencionar el regreso de la banca a manos de inversionistas privados, la venta de la compañía Teléfonos de México (TELMEX, que pasó de ser un monopolio público para convertirse en un monopolio privado) y de

---

[13] Cárdenas, Enrique, *La política económica en México 1950-1994.* México: El Colegio de México, Fideicomiso Historia de las Américas, 1996, p. 169.

empresas mineras, la liberalización del transporte de carga en carreteras, entre otros.

Nadie lo esperaba, pero a partir de 1991 comenzaron a hacerse visibles varios signos que mostraban algunas de las debilidades de la actividad económica mexicana, a pesar de que los flujos de capital hacia el interior del país seguían teniendo registros muy altos. Entre estos signos destacan los efectos que ocasionó la sobrevaluación del peso mexicano, a consecuencia del tipo de cambio que, como se ha dicho, era la base de la estabilidad de la política económica nacional. En pocas palabras, la sobrevaluación de la moneda ocasionó que, con el tiempo, muchos de los bienes que usualmente eran adquiridos de la producción nacional, comenzaran a ser importados, debido a que el mercado internacional los ofrecía a precios menores, y en ocasiones de mejor calidad.

El fenómeno fue afectando progresivamente a los empresarios mexicanos, que no tenían la capacidad de reducir sus costos en el corto plazo y que, en caso de querer realizar mayores inversiones, debían adquirir créditos con tasas de interés mayores a las que se tenían en el extranjero. Las condiciones eran de franca desventaja, especialmente para la pequeña y mediana empresa. En consecuencia, causaron el despido de una gran cantidad de trabajadores –el personal ocupado en la industria manufacturera, por ejemplo, disminuyó 12.1 % entre 1989 y 1993– o, en el peor de los casos, la quiebra de las mismas empresas nacionales. Estas dificultades hicieron que muchos de los empresarios no pudieran cubrir las deudas que habían adquirido ante instituciones bancarias, lo que a su vez hizo que los bancos presentaran una cartera vencida.

Ante estas circunstancias, parecía que aquel propósito de reducir la deuda externa, y que sirvió de sustento para las medidas adoptadas después de la crisis de 1982, había sido olvidado y quedaba bastante lejano. A principios de 1994, la deuda externa mexicana a largo plazo rebasaba los 122 mil millones de dólares, y era hasta entonces la cifra más alta en la historia del país. Por su parte, la deuda a corto plazo se incrementó de forma considerable, sobre todo a causa de la banca mexicana (de fomento y privada). Este tipo de deuda superó los 57 mil millones de dólares.

En marzo de 1994 fue asesinado Luis Donaldo Colosio, quien era el candidato a la presidencia por el PRI. El hecho generó la incertidumbre de los inversores sobre la estabilidad política del país y provocó la fuga de capitales de casi 11 mil millones de dólares en el lapso de apenas un mes. En consecuencia, las reservas internacionales del Banco de México se vieron disminuidas. Ante la alarma de la fuga de capitales y en un intento de contrarrestarla, la Secretaría de Hacienda, encabezada por Pedro Aspe, propuso al Banco de México la emisión de un nuevo tipo de certificados de deuda pública a corto plazo, denominados *tesobonos*, cuyo vencimiento se tenía programado para antes del último trimestre de 1995. La deuda adquirida mediante los *tesobonos* llevó a las arcas nacionales a una situación de insolvencia económica, ya que no había modo de que el gobierno pudiera cumplir con su pago.

La fragilidad y la inestabilidad económicas se agudizaron con la llegada a la presidencia de Ernesto Zedillo (quien asumió la candidatura del PRI a la muerte Colosio), y orillaron a su gobierno a dejar atrás el mantenimiento del tipo de cambio prácticamente fijo y a optar por la devaluación de la moneda mexicana.

Inexplicablemente –como bien documenta el economista Carlos Marichal–,[14] el gobernador del Banco de México cometió el error de dar señales a los grandes grupos financieros internacionales de la inminente devaluación del peso. Debido a este acto, la reacción de los mercados fue una rápida compra de dólares, anticipándose a la devaluación. Adicionalmente, el gobernador del Banco de México cometió otro error: el 20 de diciembre consultó a los banqueros privados si consideraban adecuado el porcentaje de "deslizamiento" que se tenía planeado para la devaluación del peso. El anuncio hizo que los banqueros se apresuraran a comprar más dólares, provocando así una drástica reducción de las reservas internacionales mexicanas. Finalmente, el 22 de diciembre de 1994, el Banco de México no tuvo otra opción que liberalizar la fluctuación del peso. La decisión tuvo como consecuencia la devaluación de alrededor del 100 por ciento de la moneda mexicana. Acababa de cometerse el famoso "error de diciembre".

Ante el riesgo de que la crisis mexicana detonara otra crisis mayor a nivel internacional, el Departamento del Tesoro de los Estados Unidos organizó de nueva cuenta un plan de rescate financiero para México, junto con otras instituciones financieras internacionales. De este modo, el 21 febrero de 1995, el gobierno mexicano firmó el Acuerdo Marco entre Estados Unidos de América y México para la Estabilización de la Economía Mexicana, que tuvo como

---

[14] Marichal, Carlos, *Nueva historia de las grandes crisis financieras. Una perspectiva global, 1873-2008*, México, Debate, 2010, pp. 254 y 255

objetivo inmediato otorgar un respaldo económico para el pago de los *tesobonos*. A cambio, México se vio obligado a implementar otro paquete de medidas económicas (generalmente de corte ortodoxo como la reducción del gasto público, privatizaciones, disciplina fiscal, etcétera).

Debido a que numerosas empresas mexicanas quebraron y se vieron imposibilitadas a cubrir sus deudas contratadas con bancos nacionales, éstos se vieron de pronto sin solvencia económica. Ante la situación, y sin que a la fecha hayan quedado del todo claros los motivos, el gobierno mexicano decidió absorber la deuda de la banca privada nacional. El programa de rescate significó un incremento de la deuda pública por casi 100 mil millones de dólares.

El 12 de marzo de 1995, el presidente Ernesto Zedillo dio un mensaje a la nación por radio y televisión en el que anunció las nuevas medidas que se llevarían a cabo, luego de la crisis. Entre otras cosas, Zedillo dijo:

> [...] El jueves pasado, el Gobierno de la República informó de las medidas adicionales que debemos adoptar para enfrentar la grave situación económica que aqueja a nuestro país. Con toda razón, la gente percibe que buena parte de esas medidas requerirán un enorme esfuerzo de todos. Efectivamente, se trata de medidas dolorosas, pero transitorias [...] La crisis económica que estamos viviendo es más grave de lo que se pensó a principios de año [...] El deterioro y el descontrol de los mercados cambiario y financiero es una grave amenaza para los empleos en todo el país [...] Como ya no contaremos con los cuantiosos recursos externos que llegaron en años anteriores, sólo podremos echar a andar la economía con nuestros propios recursos [...] El Programa contiene medidas que

resultarán muy difíciles para todos. Lo más doloroso del programa de ajuste son las alzas de los precios y tarifas del sector público, y del IVA […] Debemos estar seguros que con esfuerzo y unidad, vamos a superar la crisis muy pronto. Con unidad y esfuerzo, seremos más dueños de nuestro futuro y de un mejor porvenir para nuestros hijos.

En suma, el auge del mercado financiero internacional y de las medidas neoliberales hicieron que el gobierno mexicano viera en su implementación un proyecto de nación a desarrollar, sin darse cuenta de que por sí solos resultaban insuficientes y que traían grandes riesgos implícitos.

A los ajustes para enfrentar la crisis económica le siguieron otras medidas enfocadas a "adelgazar" el Estado y permitir la participación de particulares en la prestación de servicios públicos.

Después del "error de diciembre", en la primera mitad de 1995, el Congreso de la Unión aprobaría, por iniciativa del presidente, la Ley Reglamentaria del Servicio Ferroviario. La nueva ley estableció un esquema para permitir a empresas privadas la operación y la explotación de las vías férreas, así como la prestación del servicio de transporte ferroviario, a través de concesiones con duración de 50 años. Como consecuencia de la ejecución de esta ley, en 2001, el Poder Ejecutivo emitió el Decreto por el que se extinguió Ferrocarriles Nacionales de México (FERRONALES) –el organismo público encargado de administrar y operar los ferrocarriles mexicanos–, por considerar que había cumplido totalmente el objetivo por el cual había sido creado. Para finales del sexenio de Peña Nieto, el proceso de la liquidación de FERRONALES no ha terminado.

Ese mismo año de 1995 se aprobó la Ley de Aeropuertos que, de manera similar a los ferrocarriles, permitió la concesión para la operación y explotación de aeropuertos (también por 50 años) a empresas privadas mexicanas, a través de la figura de la concesión.

En 1998, con la modificación de la Ley de Instituciones de Crédito, se eliminaron las restricciones legales que impedían que el 100 % de las acciones de los bancos mexicanos pudiera ser adquirido por empresas extranjeras.

Finalmente, en julio del año 2000, en los últimos meses del mandato de Ernesto Zedillo y a pocos días de haber ganado las elecciones presidenciales Vicente Fox (el primer candidato que no provenía del PRI) entró en vigor el Tratado de Libre Comercio entre México y la Unión Europea.

## 3. Más crisis en América Latina

La crisis mexicana de 1994-1995 inauguró un nuevo periodo de crisis en otras regiones del mundo. Sobre todo en Asia (sin contar a Japón que ya se encontraba en una recesión) y en América Latina.

En Brasil, por ejemplo, la deuda externa alcanzó los 200 mil millones de dólares a finales de la década de los 90, y en 1998 una enorme fuga de capitales desató la crisis financiera.

En Argentina, en el afán de tener bajo control la inflación, durante el mandato del presidente Carlos Saúl Menem, la constitución fue reformada de modo tal que se fijó la paridad de la moneda nacional con el dólar estadounidense. A lo anterior, se sumó también la implementación de programas de privatización y de apertura del comercio, así como de reducción de ciertos impuestos. Con los cambios estructurales, ocurrió una concentración de la producción: entre 20 y 25 empresas eran responsables del 40% de la producción nacional. De igual manera, crecieron las importaciones, y se generó una fuerte dependencias hacia ellas. La tasa de desempleo alcanzó el 16.4% durante 1995, en comparación con el 6% de 1991. A pesar de los altos ingresos obtenidos por la privatización de entidades públicas, el banco central no logró concentrar suficientes reservas.

A partir de 1997, como efecto de las crisis en México, Brasil y algunos países de Asia, la economía argentina comenzó a presenciar síntomas de una recesión. Con el fin de contar con apoyo del FMI, el gobierno se vio obligado a tomar medidas de reducción del gasto público y la subida de impuestos. El descontento social comenzó a tomar forma de manifestaciones en las calles y de bloqueos en carreteras. A finales de 2001, la sumatoria total de divisas que habían abandonado el país en casi un año era de más de 20 mil millones de dólares. Con las reservas drásticamente reducidas y con una deuda de más de 140 mil millones de dólares, el presidente Fernando de la Rúa tomó la decisión de decretar el congelamiento de los depósitos bancarios, ante el temor de que se produjera una fuga mayor. El 3 de diciembre de 2001 estableció una restricción por la cual las personas con ahorros en los bancos no podían retirar más de 250 pesos al día. A esta medida restrictiva se le conoció como "el corralito".

Grandes movilizaciones sociales estallaron y de la Rúa se vio obligado a renunciar. En dos semanas los argentinos vieron a tres presidentes más tomar el cargo y dejarlo casi inmediatamente. En febrero de 2002, Eduardo Duhalde (el quinto presidente en ese agitado periodo) devaluó la moneda un 70 %, dando por terminada así la paridad peso-dólar. Ese año, la tasa de desempleo alcanzó, como nunca en la historia de Argentina, el 22 %.

En mayo de 2003 asumió la presidencia Néstor Kirchner. Él y su equipo dieron inicio a la ejecución de una serie de medidas, de corte más bien heterodoxo, para renegociar la deuda en condiciones sumamente adversas. Cabe señalar que Kirchner y su gabinete supieron crear alianzas con distintos sectores políticos y sociales (como las organizaciones sindicales), que le brindaron apoyo y respaldaron sus acciones. De este modo, y en contra de las recomendaciones de los organismos internacionales, Argentina declaró la suspensión de pagos sobre el servicio de la deuda del Fondo Monetario Internacional. Posteriormente, y luego de intensas negociaciones, el gobierno logró reestructurar la deuda, acordando un canje de bonos viejos por nuevos, que incluyó la disminución de casi dos tercios del monto adeudado: se trataba de la mayor reducción de la deuda en América Latina.

## 4. Bloques económicos

El crecimiento económico que se presentó durante los primeros años de funcionamiento del modelo de sustitución de importaciones, aunado al ánimo de cooperación que la comunidad internacional vivió al término de la Segunda Guerra Mundial, hicieron que los primeros proyectos de integración regional, tanto política como económica, se presentaran en América Latina. Así, en 1948 nació la Organización de Estados Americanos (OEA), como un organismo encargado de velar por la paz y la seguridad del continente, y la protección de los derechos humanos. Después, ya en la década de los sesenta, vendrían los primeros acuerdos de integración económica, como el Mercado Común Centroamericano, la Asociación Latinoamericana de Libre Comercio (ALALC) o el Pacto Andino. Estos organismos tenían el propósito de ampliar los mercados de las producciones nacionales a un nivel regional. Sin embargo, los diferentes grados de desarrollo que existían entre las naciones, así como las altas barreras de protección, obstaculizaron su pleno funcionamiento.

La dinámica de estos bloques económicos, concebidos en un momento de protección internacional de los mercados, cambió abruptamente con las crisis que se vivieron en la década de los ochenta, pero sobre todo en la de los noventa. Ante las nuevas circunstancias que trajeron las políticas neoliberales, el enfoque de los organismos regionales tuvo que ser modificado.

En 1991, con la firma del Tratado de Asunción, nació el Mercado Común del Sur (MERCOSUR) como una respuesta a la inestabilidad e inflación económicas. Con este acuerdo, Argentina, Brasil, Paraguay y Uruguay buscaban promover, además, el fortalecimiento los regímenes democráticos. No debe olvidarse que hacía poco estas naciones habían sido gobernadas por dictaduras militares. Desde su creación y hasta la crisis brasileña de 1998, el comercio al interior del MERCOSUR registró un importante crecimiento.

Al día de hoy, el MERCOSUR ha presentado avances considerables en la libre movilidad de sus ciudadanos, así como en la fundación de instituciones regionales como el Banco del Sur (una institución bancaria que se constituyó como alternativa al Banco Interamericano de Desarrollo, el FMI y el Banco Mundial). En 1996 y 1997 se adherirían, con el carácter de países asociados, Chile y Bolivia; en 2004, Ecuador y Colombia, y en 2003 Perú. En este grupo, México funge como país observador desde 2004.

Con el avance de los procesos de pacificación, luego de años de violentos conflictos armados que se vivieron en Centroamérica, los países de esa región decidieron retomar y renovar las acciones del Mercado Común Centroamericano. El resultado fue la fundación, en 1991, del Sistema de Integración Centroamericana (SICA). Entre sus logros, destaca, por ejemplo, su política de reducción arancelaria que en 2016 alcanzaba ya al 95 % de los productos comercializables. Sus miembros son Costa Rica, El Salvador, Guatemala, Honduras y Nicaragua.

En 1994, como se ha visto, entró en vigencia el Tratado de Libre Comercio de América del Norte, conformado por México, Estados Unidos y Canadá. Desde su fundación, esta área de libre comercio se ha caracterizado por presentar altos y crecientes niveles de intercambio comercial (desde entonces México fue el principal socio comercial de Estados Unidos, aunque en la segunda década del siglo XXI ha disputado ese lugar con China). No obstante, el acuerdo excluyó temas como el de la migración, el tránsito de personas o los programas de empleo.

En 1996, los estatutos del Pacto Andino fueron replanteados y se dio paso a la conformación de la Comunidad Andina. Este mecanismo buscaba profundizar el libre comercio entre sus países miembros: Perú, Ecuador, Bolivia y Colombia. De este modo y con la creación de distintos organismos regionales (consejos, tribunal, parlamento, etcétera) se dio lugar a lo que denominaron el Sistema Andino de Integración que, entre otras cosas, permite la movilidad de los ciudadanos de estos países dentro del bloque sin la necesidad de pasaporte o visa.

Para 2012, los presidentes de México, Colombia, Perú y Chile firmaron el Acuerdo Marco de la Alianza del Pacífico, que incluye entre sus objetivos la construcción de una "área de integración profunda" para avanzar hacia la libre circulación de bienes, servicios y capitales. Destaca que el PIB de los países de la Alianza del Pacífico reúne el 39 % del PIB de América Latina y el Caribe. Asimismo, estas naciones suman el 50 % del comercio exterior de toda América Latina. Entre sus logros se encuentran la eliminación de visas, así como la creación de un programa de becas para estudiantes de nivel superior y de posgrado. Cabe señalar que la Alianza del Pacífico se creó en buena medida como una forma de anticiparse a los efectos del Tratado de Asociación Transpacífico (TPP, por sus siglas en inglés), uno de los proyectos de libre comercio más ambiciosos y neoliberales a nivel mundial.

Si bien es cierto que en América Latina coexisten múltiples mecanismos de integración económica y política, éstos han centrado sus actividades principalmente en la liberalización de los mercados, dejando de lado la consolidación de instituciones regionales comunes y autónomas, que tengan como tarea el regular, supervisar y promover las actividades comerciales y financieras. El hecho ha impedido y retrasado el pleno cumplimiento de sus objetivos. Otro factor que ha limitado el desarrollo de estos bloques es que su funcionamiento se funda en organismos interestatales, cuyas decisiones son tomadas por el conjunto de presidentes o ministros de relaciones exteriores. Esta situación ocasiona que el desempeño sea lento, muy variable y dependa, en gran medida, de quién sea el presidente en cada país y de la importancia que le otorgue a las actividades del bloque.

# ALTERNANCIA POLÍTICA, CONTINUIDAD ECONÓMICA

## 1. El ascenso de los gobiernos progresistas en América Latina

Con las crisis de fin de siglo, las naciones latinoamericanas aprendieron que resultaba práctico, útil y necesario hacerse de fuertes reservas internacionales para prevenir posibles problemas financieros y de balanza de pagos. El siglo XXI inició, para fortuna de estos países, con un auge de los precios de distintas materias primas (como el cobre, el petróleo, los granos, etcétera) aunado a una tendencia a la alza en el comercio internacional. Lo anterior, les permitió contar con ciertas circunstancias favorables para sus economías, aunque éstas se basaran –de nueva cuenta como en la *primera globalización*– profundamente en la exportación de productos primarios.

En América del Sur, el momento de bonanza económica y fortalecimiento democrático coincidió con el ascenso de un grupo de gobiernos progresistas: los de Néstor Kirchner y Cristina Fernández en Argentina, Evo Morales en Bolivia, Luiz Inácio "Lula" da Silva en Brasil, Ricardo Lagos y Michelle Bachelet en Chile, Rafael Correa en Ecuador, Tabaré Vázquez y José Mujica en Uruguay, y Hugo

Chávez en Venezuela. Estos gobiernos destinaron grandes cantidades de recursos a políticas sociales, con resultados destacables en ámbitos como la reducción de los índices de pobreza extrema, desigualdad, empleo, educación, entre otros. El PIB de estas naciones creció en conjunto, entre 2003 y 2007, arriba del 4.5 %anual, y el crecimiento del PIB *per cápita* fue del casi el 15 %, para el mismo periodo. En 2006, por ejemplo, Venezuela presentó un crecimiento del PIB del 10 %, en tanto que el de Argentina fue de 8.5 %. No obstante los resultados obtenidos, los gobiernos progresistas han recibidos fuertes críticas por casos de corrupción que se han presentado durante sus mandatos.

En el ámbito internacional, los estados sudamericanos fundaron en 2004 la Comunidad Suramericana de Naciones que, posteriormente, pasaría a ser la Unión de Naciones Suramericanas (UNASUR). El bloque político internacional surgió, prácticamente, como respuesta contraria a los últimos intentos de Estados Unidos para crear un tratado de libre comercio continental, que pretendía dar lugar al Área de Libre Comercio de las Américas (ALCA).

En general, la llegada de los gobiernos progresistas (también llamados gobiernos reformistas) en América del Sur puede ser entendida como una respuesta de los electores ante la inconformidad de los resultados de las medidas neoliberales, implementadas en el último cuarto del siglo XX. Sus políticas económicas presentaron ciertas similitudes y, adicionalmente, existió una fuerte cooperación internacional entre los jefes de Estado. Sin embargo, no puede dejarse de lado cada uno de los contextos nacionales están marcados por circunstancias políticas, diferentes entre sí, y, sobre todo, acompañados por grandes movilizaciones sociales.

Mencionaré, brevemente, un ejemplo: Entre los años 2000 y 2005, en Bolivia se presenció una ascendente ola de movilizaciones sociales, marcada fuertemente por la participación y la organización de comunidades indígenas. Precedido por un acumulado descontento popular, el periodo se inauguró con el alza desmedida de las tarifas del servicio agua, como consecuencia de la privatización que había sufrido el mismo. Al "tarifazo" se sumó el hecho de que ciertas empresas extranjeras intentaron intervenir en la explotación de pozos de agua en Cochabamba, y se toparon con la resistencia de habitantes de poblaciones que tradicionalmente venían usando el recurso.

El descontento que ocasionaron estos sucesos hicieron coincidir a distintos sectores populares (entre los que encontraban profesionistas, cocaleros, campesinos, etcétera), los cuales realizaron desde manifestaciones en la capital, hasta bloqueos de carreteras y caminos, e implementaron sistemas de vigilancia de los territorios donde se encontraban los pozos. Por tales motivos, a este primer periodo de movilización se le conoce como la Guerra del Agua.

Para 2003 se presentarían nuevas movilizaciones masivas y violentos enfrentamientos, debido a que el gobierno de Sánchez de Lozada había anunciado la creación de un nuevo impuesto a los salarios y, poco después, la exportación del gas natural a través de un puerto chileno (recordemos que Bolivia perdió su acceso al océano en la Guerra del Pacífico que sostuvo contra Chile en 1879). Las protestas fueron de tal magnitud que el presidente se vio obligado a renunciar en octubre de ese año. La misma suerte corrió su sucesor, en junio de 2005. Ante la situación, el presidente de la Corte Suprema de Justicia, que asumió la presidencia nacional según lo indicado por la ley, convocó a nuevas elecciones para diciembre de ese año. De los comicios electorales resultó ganador Evo Morales, candidato del Movimiento al Socialismo (MAS), quien contaba con una larga trayectoria política como líder de uno de los sindicatos de trabajadores productores de la hoja de coca.

Una vez en la presidencia, y con un extenso respaldo popular, Morales convocó a una asamblea constituyente de la que surgió la actual Constitución del Estado Plurinacional de Bolivia, en la cual, entre otras cosas, se reconoce legal y ampliamente los derechos de los pueblos indígenas y se establecieron las bases para las reformas económicas que más adelante echaría a andar.

## 2. Después del error de diciembre

En México, el sexenio de Ernesto Zedillo concluyó con cierta estabilidad financiera y con la alternancia en la presidencia de la república: Vicente Fox, perteneciente al Partido Acción Nacional (PAN), pero candidato de una alianza que involucró a casi todos los partidos políticos de oposición, ganó las elecciones presidenciales a mediados del año 2000. La oposición, no obstante, venía obteniendo cargos de elección popular desde hacía algunos años, y, para 1996, antes de la victoria de Fox, el PRI había perdido la mayoría de los lugares en el Congreso de la Unión.

De forma diferente a lo que iría ocurriendo en buena parte de América Latina, en México la alternancia se dio con un presidente más bien alineado con políticas de derecha. Sin embargo, la transición presidencial ocurrió sin que se presentara alguna crisis económica, rompiendo una tradición de varias décadas. Para muchos analistas políticos, la alternancia presidencial representaba, además de la consolidación democrático-electoral, una oportunidad para realizar los cambios políticos y económicos profundos que permitieran al país contrarrestar los rezagos sociales y económicos. Sin embargo, con el tiempo fue evidente que la transición democrática resultaba una condición necesaria, pero insuficiente para una empresa de tal magnitud. Entre sus promesas de campaña, Vicente Fox aseguró que en su sexenio el PIB del país crecería a un ritmo mayor al 7 %. La realidad fue algo distinta: el mejor resultado de este indicador no se presentó sino hasta 2006, con un crecimiento del 4.8 %, siendo que en 2004 se dio una combinación de altos precios del petróleo con la mayor producción nacional de crudo.

En suma, el gobierno de Fox presentó, por una parte, una estabilización de los indicadores macroeconómicos (incremento en las reservas internacionales, que sumaban en 2006 más de 67 mil 600 millones de dólares, o una inflación controlada por debajo del 4.1 %), pero, por otra, el crecimiento de varios problemas sociopolíticos que iban desde el conflicto no resuelto con el Ejército Zapatista de Liberación Nacional (EZLN), en Chiapas, pasando por la deuda con la memoria histórica ante el esclarecimiento de la represión de 1968 y la guerra sucia de la década de 1970, pasando por el conflicto magisterial en Oaxaca, hasta llegar al acelerado incremento de la violencia ocasionada por el tráfico ilegal de drogas y el crimen organizado.

Cuando Fox dejó la presidencia, México tenía estabilidad macroeconómica (en comparación con las dos últimas décadas), pero al mismo tiempo una situación política caracterizada por el encono y la inconformidad sociales.

Las elecciones presidenciales de 2006 agudizaron aún más el contexto: una diferencia menor al 1 % de los votos dieron la victoria al candidato del PAN, Felipe Calderón Hinojosa, en una campaña muy criticada, que presentó diversas irregularidades y con un desempeño muy cuestionado por parte del Instituto Federal Electoral, que encabezaba Luis Carlos Ugalde.

Durante el sexenio de Felipe Calderón se continuó con la tendencia de estabilidad macroeconómica, basada, en buena parte, en los altos precios del crudo y en los buenos niveles de exportación. Este gobierno presenció el estallido de la crisis financiera de 2008 y, en comparación con otros países de América Latina que implementaron programas para estimular la economía, su postura fue más bien ortodoxa y poco se hizo para amortiguar los efectos.

Curiosamente, América Latina fue, quizá, la región menos afectada por la crisis de 2008 y 2009, aunque los índices de inflación comenzaron a dar señales de lo que vendría. Esto se debió en buena medida a que sus países contaban, como se ha visto, con importantes reservas internacionales y a que los precios internacionales de las materias primas eran elevados. México fue parte de esta tendencia regional, que iniciaría su descenso entre 2011 y 2012, cuando los precios de las materias primas (entre ellas el petróleo) se redujeron de manera importante, y las economías desarrolladas aún no habían recuperado el ritmo de crecimiento que presentaron de manera previa a la crisis.

En 2007, antes de que estallara la crisis financiera internacional, el PIB mexicano creció en un 3.6 %. A finales de ese año ya se preveía que 2008 traería condiciones menos favorables debido a la reducción de los indicadores económicos de

Estados Unidos. No obstante, el impacto de la crisis de 2008 fue mayor a las predicciones de la Secretaría de Hacienda, aunado a que ésta no llevó a cabo medidas que tuvieran el objetivo de aminorar los efectos (como sí lo hicieron Argentina o Chile). A finales de 2008, Hacienda informaba que en relación con 2007, el PIB únicamente había crecido en 1.5 %. En el *Informe sobre la situación económica, las finanzas públicas y la deuda pública* de finales de 2008 se lee: "durante el cuarto semestre de 2008 se deterioraron las condiciones económicas y financieras internacionales. Varios países industrializados reconocieron que sus economías atravesaban por un período recesivo y calificaron la crisis financiera como la peor después de la Gran Depresión".

Luego vendrían los efectos de la crisis financiera de 2008, que se recrudecieron en los países industrializados durante 2009. Para finales de ese año, el PIB mexicano presentó un crecimiento de -6.8 %, pero se recuperó notoriamente en 2010, año en el que creció 5.3 %.

Finalmente, el gobierno de Felipe Calderón cerró el año 2012 con un crecimiento del PIB de prácticamente 4 %, una inflación general anual del 3.57 %, con reservas internacionales brutas de poco más 165.5 mil millones de dólares, y una deuda externa del gobierno federal equivalente al 5.4 % del PIB. Sin embargo, esta estabilidad financiera contrastaba con la situación nacional que se caracterizó por un elevado incremento en los indicadores de violencia, ocasionada principalmente por la estrategia de seguridad lanzada contra el crimen organizado.

Durante este sexenio el presidente Calderón presentó varias iniciativas de ley, que en conjunto fueron conocidas como la "reforma energética", con el propósito de modificar el marco jurídico nacional y, así, abrir la puerta a la participación de inversores privados en actividades como la explotación de yacimientos (especialmente en aguas profundas). Las propuestas de modificación fueron intensamente discutidas en el Congreso de la Unión y, al final, la empresa paraestatal Petróleos Mexicanos (Pemex) quedó como el organismo público encargado de las operaciones de exploración y explotación de yacimientos. Los inversores privados solamente podrían participar a través de la contratación que Pemex realizara. La nueva legislación otorgó mayores facultades de planeación a la Secretaría de Energía y creó la Comisión Nacional de Hidrocarburos, como un ente técnico para la administración de los hidrocarburos y la regulación de las actividades de exploración y explotación que realizaría Pemex. El propósito era elaborar una planeación a largo plazo en la que todas las entidades relacionadas participaran coordinadamente.

La reforma también incluyó nuevas leyes para el mejor aprovechamiento de la energía eléctrica y la generación de electricidad a través de fuentes renovables.

## 3. ¿Por qué se originó la primera gran crisis del siglo XXI?

La crisis financiera internacional de 2008 estalló en países desarrollados y, a diferencia de crisis anteriores, no se desató por la deuda de algún país subdesarrollado. Tuvo su origen en Estados Unidos, a partir de una serie de condiciones que se fueron creando aproximadamente desde el año 2000, en el que reventó la burbuja de las empresas de Internet. Después de la llamada crisis del *punto-com* (crisis que llevó a la banca rota a varias de las mayores las empresas de Internet de entonces en todo el mundo), la Reserva Federal estadounidense emprendió una fuerte emisión monetaria que buscaba la recuperación de los mercados de capitales. La medida tuvo como consecuencia el incremento de la oferta del crédito y logró, para 2002 y 2003, que la potencia norteamericana creciera alrededor del 4.7 %. A la alta disponibilidad crediticia se sumó una tendencia de bajos intereses, lo que ocasionó que los ciudadanos tuvieran una mayor capacidad de adquisición a través de la deuda y que, por tanto, fueran puestos a disposición múltiples créditos para vivienda, que en poco tiempo dispararon la industria de la construcción y dio pie para que se crearan nuevos instrumentos financieros en el mercado hipotecario.

Por las mismas fechas, la administración del presidente George W. Bush emprendió una política fiscal que redujo los impuestos a las empresas e incrementó el gasto público (recordemos que Estados Unidos había iniciado la guerra contra Irak) a través de la contratación de deuda externa. Entre 2001 y 2006, Estados Unidos se convirtió en el principal país deudor del mundo.

La situación fue agravándose debido a varios factores, de los que destacan algunos: *1)* los montos de la Reserva Federal incrementaron a causa de que algunos países de Asia Oriental y de Medio Oriente pusieron sus reservas en el banco central norteamericano, lo que dio "buenas señales" para que los bancos aumentaran la oferta de nuevos servicios y productos financieros; *2)* se implementaron reformas legislativas de liberalización financiera (como el incremento de los límites permitidos de deuda para los bancos), flexibilizando aún más su operación y haciendo más difícil su supervisión; *3)* la fácil disposición de dinero, conjugada con la innovación tecnológica, ocasionó que un alto porcentaje de medianas empresas contrataran deuda y que el mercado financiero ofertara más instrumentos de inversión, seguros e hipotecas; *4)* el crédito barato generó un *boom* del mercado inmobiliario y los precios de casas se dispararon. En palabras del economista Carlos Marichal, "el principal peligro de esta tendencia consistió en que se generaron dos enormes burbujas paralelas: una hipotecaria y la otra bursátil".[15]

El auge de los bienes raíces atrajo a inversionistas (que vieron en la compra de inmuebles una redituable forma de inversión, pues el valor del producto adquirido incrementaba rápidamente con el tiempo y podrían venderlo a un precio mayor en el corto plazo), pero también a compradores con bajos ingresos o historiales crediticios negativos. Esto último se dio a causa del ofrecimiento masivo de "préstamos de baja calificación", a pesar de que los prestadores sabían que era muy probable que este tipo de clientes no pudiera cubrir la deuda adquirida en el futuro.

Para finales de 2006 y durante 2007 coincidieron tres factores que complicaron todo. En primer lugar, debido a que muchos de los créditos para casas eran otorgados bajo la modalidad de tasas de interés ajustable, y para estos años las tasas se ajustaron al alza, se encarecieron los créditos. En segundo lugar, y luego de haber alcanzado el punto máximo en 2006, para 2007 el precio real de las propiedades comenzó un descenso. Por último, a partir de 2006 comenzaron a correr las fechas de devolución de los créditos. Ante

---

[15] Marichal, Carlos, *Nueva historia de las grandes crisis financieras. Una perspectiva global, 1873-2008*, México, Debate, 2010, p. 287.

esta combinación, muchos compradores terminaron por desertar y a suspender el pago de sus deudas. La cantidad de deudores que suspendieron su pago fue tal, que llevó a la quiebra a varios de los bancos que no pudieron recuperar el dinero prestado.

Después de más de seis meses en los que las autoridades norteamericanas minimizaron los riesgos de una recesión, finalmente en septiembre de 2007 reconocieron que la crisis inmobiliaria era peor de lo que habían calculado. Con la noticia, varios de los mayores bancos de inversión de Estados Unidos y Europa anunciaron que arrastraban deudas imposibles de cobrar. El momento más álgido llegó en marzo de 2008 con el anuncio de la quiebra virtual de tres de los principales bancos: *Bear Stearns*, *Godman Sachs* y *Lehman Brothers*. Poco después, se sumaron a la lista las grandes empresas aseguradoras.

En los meses que siguieron se presentó una serie de pánicos, anuncios de insuficiencia de pago y de rescates de bancos por parte del Tesoro y la Reserva Federal de Estados Unidos. Pronto, esta situación se contagió a Europa, aunque en diferentes circunstancias. España, por ejemplo, enfrentaba entonces una deuda grandísima a causa de una burbuja inmobiliaria, que reventó cuando los compradores comenzaron a suspender sus pagos.

Ante esta combinación internacional de colapsos financieros, las autoridades financieras y bancarias estatales intervinieron para evitar que los daños fueran mayores. Las intervenciones se destinaron principalmente hacia los "rescates" de los bancos. Y consistieron, básicamente, en la adquisición de las deudas de los bancos privados con dinero público (en su mayor parte proveniente de las reservas internacionales de cada país), para "restaurar la estabilidad" o al menos procurar que ésta fuera afectada lo menos posible.

La reacción coordinada de los gobiernos ante la crisis evitó que los efectos fueran aún mayores, pero desató varias interrogantes sobre las formas en que se llevaron a cabo. Por ejemplo, ¿por qué en lugar de utilizarse grandes cantidades de recursos para "rescatar" a los bancos, no fueron destinadas para el rescate de los deudores (como las medianas empresas o los compradores de las casas)? O bien, ¿por qué intervinieron los gobiernos si desde hacía algunas décadas habían venido promoviendo políticas económicas de liberalización y no intervención? ¿El mercado ya no era capaz de autorregularse? Las respuestas suelen ser múltiples y disímiles, aunque con frecuencia coinciden en que la crisis de 2008 representó el fin de una época del neoliberalismo. En su discurso de toma de protesta, el presidente estadounidense Barack Obama expresó: "… esta crisis nos ha recordado que, sin un ojo atento, el mercado puede salirse de control. La nación no puede prosperar por mucho tiempo cuando sólo favorece a los que ya son prósperos".[16]

## 4. Los años posteriores a la crisis en México y América Latina

Las economías latinoamericanas sobrellevaron sin tantas afectaciones los años inmediatos a la crisis financiera de 2008. Salvo la contracción que se presentó en 2009, el ritmo de crecimiento reapareció en 2010 y 2011. Sin embargo, para

---

[16] "Barack Obama's inaugural address", *The New York Times*, Politics, 20 de enero de 2009. Disponible para consulta en internet en http://www.nytimes.com/2009/01/20/us/politics/20text-obama.html

inicios de ese último año, las condiciones comenzaron a cambiar: los precios de varias de las materias primas que los países de América Latina exportan presentaron una tendencia a la baja, sobre todo por una reducción en la demanda internacional (consecuencia de la crisis) y un aumento de la producción (efecto de las tendencias al alza, que fueron anteriores a la crisis).

El descenso en los precios internacionales se combinó con una situación internacional de lento crecimiento, especialmente en los estados desarrollados. Los países de la Unión Europea, por ejemplo, crecieron a un ritmo promedio de 0.2 % entre 2007 y 2013, y de 1.4 % entre 2014 y 2015.

Es importante tener en cuenta que, de acuerdo con datos de la Comisión Económica para América Latina y el Caribe (CEPAL), 44 % de las exportaciones de la región corresponden a productos básicos, por lo que el descenso de los precios de la mayor parte de estos productos incidió fuertemente en los ingresos obtenidos por esta vía. Así, señala la CEPAL, la caída acumulada de los precios entre enero de 2011 y octubre de 2015 fue casi del 50 % para los metales (cobre, hierro, oro, etcétera), y del 30 % para los productos agropecuarios (la soja, el maíz, el azúcar, entre otros). El petróleo, particularmente, presentó una reducción acumulada de su precio del 57 %, que fue mayor a la reducción acumulada de los hidrocarburos en general (incluyendo el gas natural o el carbón). Tal escenario provocó serias afectaciones a los ingresos no fiscales de países productores de energéticos como Bolivia, Ecuador, México o Venezuela.

Para América Latina, el crecimiento del PIB regional fue de -0.5 % en 2015 y de -0.8 % en 2016. América del Sur ha sido la zona más afectada con un decrecimiento del PIB de

1.7 % y 2.1 %, para esos mismos años (con mayor impacto para Brasil y Venezuela).[17]

En el ámbito social, la desaceleración económica frenó la tendencia que la reducción de los niveles de la pobreza y la desigualdad habían venido presentando desde algunos años atrás. De 2002 a 2012 la población en situación de pobreza pasó del 43.9 % al 28.1 % (teniendo en cuenta la información de 19 países de América Latina). Para 2013 y 2014, los porcentajes permanecieron prácticamente estáticos, pero con riesgo de presentar retrocesos. [18]

Para el caso mexicano, los efectos de esta tendencia negativa mundial también se hicieron sentir. Si, como se vio, el PIB creció un 4 % en 2012, para el siguiente año el crecimiento fue tan solo del 1.1 %. Esta disminución en el índice de crecimiento estuvo directamente relacionada con la desaceleración en el crecimiento de las exportaciones que fue de 5.9 % en 2012 en comparación con el 1.3 % de 2013. La inflación en 2013 fue de 4 % y de 4.48 % para 2014.[19]

Todas estas condiciones hicieron que el gobierno federal tuviera que recurrir a un déficit para el Presupuesto

---

[17] CEPAL, *Estudio económico de América Latina y el Caribe 2016*, Santiago de Chile, 2016. p. 53

[18] Los datos sobre América Latina fueron obtenidos de los siguientes documentos: CEPAL, *Estudio Económico de América Latina y el Caribe 2014*, Santiago de Chile, 2014, y CEPAL, *Panorama económico y social de la Comunidad de Estados Latinoamericanos y Caribeños 2015*, Santiago de Chile, 2016.

[19] En ese año de 2013 Bolivia registró la tasa del crecimiento del PIB más alta en 38 años (6.8 %). Si bien hubo un considerable incremento de las exportaciones de gas natural, las exportaciones en general presentaron un ligero aumento del 2.3 %, que se vio acompañado de una inflación alta, del 6.5 %. Fuente: CEPAL.

de Egresos de la Federación, a pesar de que el presidente (del PRI) Enrique Peña Nieto había anunciado un déficit cero para su primer año de gobierno. Adicionalmente, a inicios de 2015, el titular de la Secretaría de Hacienda anunció un recorte (el primero de varios que se irían realizando) en el presupuesto anual de más de 124 mil millones de pesos y la cancelación de la construcción de dos proyectos de transporte ferroviario de pasajeros. El recorte y las cancelaciones anunciados se debieron, sobre todo, a la reducción de los ingresos que el país sufrió como consecuencia de la caída de los precios del petróleo.

Debido en buena medida a la diversificación de los productos que exporta, México de cierto modo logró evadir la tendencia de un crecimiento negativo del PIB. Así, para 2014, este indicador presentó un crecimiento de 2.2 % y de 2.5 % para 2015. El resultado parecería favorable si se le comparara por ejemplo con Brasil o Venezuela que para esos mismos años registraron cifras negativas, pero es menor al de Centroamérica que creció en conjunto 4 % y 4.4 %, para cada uno de estos años. Es decir, el ritmo de la economía mexicana ha sido de un crecimiento sostenido durante las dos últimas décadas. Esto le ha permitido no decrecer en los años posteriores a la crisis financiera, pero, por otro lado, tampoco logró superar el 4 % en momentos de bonanza económica internacional, en la que otros países de América Latina presentaron crecimientos del PIB superiores a 6 %.

Las paradojas para el caso mexicano son varias, especialmente si se tiene en cuenta la relación entre crecimiento económico y desarrollo social. De este modo, México, por las dimensiones de su actividad económica, disputa constantemente con España –un país industrializado– el puesto

14 de las mayores economías del Mundo, pero ocupa al mismo tiempo el lugar 71 de acuerdo al listado del Índice de Desarrollo Humano[20] (del año 2016), por debajo de España (27), Chile (41), Cuba (44), Argentina (49) o Uruguay (50) y por arriba de Brasil (79), China (91) o Colombia (98).

Si las comparaciones se realizan ante los miembros de la Organización para la Cooperación y el Desarrollo Económico (OCDE), los contrastes son más evidentes. Por ejemplo, para comercio internacional de bienes y servicios (en 2014), las exportaciones de México equivalen al 32.6 % de su PIB y las importaciones al 33.5 %. La proporción es similar a la que registran países como España (32.5 % y 30.1 %), Francia (28.7 % y 30.5 %) o Canadá (31.6 % y 32.5 %). En cambio, si se contempla el PIB *per cápita*[21] para estos mismos países se tiene que el de Canadá equivale a 44 057 dólares; el de Francia, 38 870; el de España, 33 169, y el de México 17 831. En relación con las horas efectivas trabajadas en promedio, en Canadá las horas de trabajo remuneradas al año por persona son 1 704; España, 1 561; Chile, 1 990; Francia, 1 473; en tanto que en México son 2 225 (esto significa que es

---

[20] El Índice de Desarrollo Humano (IDH) es un indicador creado por el Programa de las Naciones Unidas para el Desarrollo (PNUD) que toma en cuenta tres dimensiones principales: el nivel de vida (basado en el ingreso nacional bruto *per cápita*), el de salud (de acuerdo a la esperanza de vida al nacer) y el de educación (de acuerdo con los años promedio de escolaridad de los adultos de 25 años o más y la expectativa de los años de escolaridad para los niños en edad escolar). PNUD, "El índice de desarrollo Humano", disponible para consulta en: http://hdr.undp.org/es/content/el-%C3%ADndice-de-desarrollo-humano-idh

[21] El PIB *per cápita* es un indicador utilizado usualmente para medir el nivel de vida medio de cada país.

el país de la OCDE en el que las personas trabajan más horas al año).[22]

## 5. Un nuevo marco jurídico mexicano para actividades económicas estratégicas

Desde el inicio de su mandato, Peña Nieto presentó un paquete de iniciativas, para modificar la Constitución Mexicana y para expedir nuevas leyes secundarias. El conjunto de iniciativas, denominadas por el propio Ejecutivo Federal como "reformas estructurales", cambió completamente el papel que tenía el Estado en diversos sectores estratégicos de la economía nacional. Sin mayor intervención por parte del Congreso, las reformas que fueron aprobadas flexibilizaron la participación de la inversión privada en áreas como la explotación de yacimientos de crudo, en la refinación de petróleo, en la importación y venta de combustibles como la gasolina y el diésel (y la supresión de los subsidios), en la generación y distribución de energía eléctrica. Incluyeron también mayor participación y supervisión en el área de las telecomunicaciones.

Resulta interesante ver cómo, a pesar de que los plazos y las metas planteadas en la reforma energética de 2008 aún se encontraban distantes para ser alcanzadas, y sus efectos aún no eran evaluados completamente, la industria de los hidrocarburos volvió a ser modificada y de forma más profunda. En primer lugar, Pemex dejó de ser la entidad pública

---

[22] Los datos que se presentan son para el año de 2014 y se obtuvieron de OCDE, *Panorama Estadístico de la OCDE. Economía, medio ambiente y sociedad, 2015-2016*, México: Conferencia Interamericana de Seguridad Social, Universidad Anáhuac, 2016.

exclusivamente encargada para la exploración y explotación. De acuerdo a la nueva ley, corresponde a "la nación" –que para efectos prácticos se refiere al gobierno federal, a través de la Secretaría de Energía– la exploración y extracción de hidrocarburos por conducto de asignatarios y contratistas (los cuales pueden ser empresas privadas). Con la reforma, Petróleos Mexicanos dejó de ser una empresa paraestatal para convertirse en una "empresa productiva del Estado" (una figura legal sin antecedentes en la legislación mexicana), que debe competir con otras empresas para la adjudicación de contratos de exploración y explotación que realice la Comisión Nacional de Hidrocarburos (CNH), mediante licitaciones.

Para el caso de la Industria Eléctrica, la Comisión Federal de Electricidad (CFE) pasó a ser –al igual que Pemex– una empresa productiva del Estado y perdió su exclusividad en la generación, transmisión, distribución y comercialización de la energía eléctrica. Con la reforma, estas actividades, que anteriormente realizaba únicamente la CFE (salvo la generación) como parte de un proceso amplio y único, fueron separadas por la legislación para funcionar independientemente entre sí. De este modo, la comercialización y generación quedaron completamente abierta a la libre competencia por parte de empresas privadas (que deben obtener un permiso), mientras que la distribución y la transmisión quedaron en manos del Estado, a través del Centro Nacional del Control de Energía (CENACE). Cabe señalar que por décadas el CENACE perteneció a la CFE (que por años invirtió en él) y que la reforma lo convirtió –de la noche a la mañana– en un órgano independiente de ésta, que quedó bajo el control de la Secretaría de Energía. Con la nueva legislación, la CFE se torna en un competidor más en el mercado de la energía eléctrica.

Criticadas por partidos políticos de oposición, algunos académicos y varios sectores de la sociedad civil, y aplaudidas por el sector empresarial, así como por distintos organismos económicos internacionales, las autoridades gubernamentales insistieron en que las reformas estructurales eran necesarias, aún y cuando sus resultados –aseguraron sus propios promoventes– se llegarían a conocer años después de haber terminado el gobierno de Peña Nieto, en el año de 2018. Cualesquiera que sean los resultados, lo cierto es que el diagnóstico para la reforma en materia energética se realizó teniendo en cuenta una proyección que contemplaba altos precios de los energéticos –principalmente el petróleo–. El inesperado descenso de los precios internacionales de materias primas, que se recrudeció desde 2012, ha ocasionado que la participación de los capitales privados se haya dado de manera más lenta de lo esperado, pues invertir en el sector resulta menos atractivo. El funcionamiento de estas industrias en el país dependerá fuertemente de la recuperación que vaya presentando la economía internacional, particularmente la de las naciones desarrolladas. Y esto implica una conjugación de distintas condiciones que, como se ha visto a lo largo de estas páginas, resulta muy difícil de predecir.

# REFERENCIAS

Aboites Aguilar, Luis, *et al.* (2008). *Nueva Historia Mínima de México Ilustrada.* México: El Colegio de México, Secretaría de Educación del Gobierno del Distrito Federal.

Aguilar Camín, Héctor y Meyer, Lorenzo (2000). *A la sombra de la Revolución Mexicana.* México, Cal y Arena.

Cárdenas, Enrique (1996). *La política económica en México 1950-1994.* México: El Colegio de México, Fideicomiso Historia de las Américas.

CEPAL (2014). *Estudio Económico de América Latina y el Caribe 2014,* Santiago de Chile.

CEPAL (2016). *Estudio económico de América Latina y el Caribe 2016,* Santiago de Chile.

CEPAL (2016). *Panorama económico y social de la Comunidad de Estados Latinoamericanos y Caribeños 2015,* Santiago de Chile.

Délano, Manuel (22 de abril de 2007). "América Latina avanza con cautela". En *El País,* Negocio. Consultado en https://elpais.com/diario/2007/04/22/negocio/1177246342_850215.html

Fukuyama, Francis (1993). *El fin de la historia y el último hombre.* Bogotá: Editorial Planeta.

Marichal, Carlos (2010). *Nueva historia de las grandes crisis financieras. Una perspectiva global, 1873-2008*. México: Debate.

Marichal, Carlos, (2013). "Las crisis de deudas soberanas en México y el papel de los Estados Unidos, 1945-2055: ¿Cuál era el prestamista internacional de última instancia?". En *Revista de la Historia de la Economía y de la Empresa*, España, vol. VII, pp. 159-184.

Modonesi, Massimo y Rebón, Julián (comps.) (2011). *Una década en movimiento. Luchas populares en América Latina en el amanecer del siglo XXI*. Buenos Aires: UBA, CLACSO.

Nayyar, Deepak. (2006) "Globalisation, history and development: a tale of two centuries". En *Cambridge Journal of Economics*, núm. 30, pp. 137-159.

Obama, Barack (20 de enero de 2009). "Barack Obama's inaugural address" (transcripción). En *The New York Times*, Politics. Consultado en: http://www.nytimes.com/2009/01/20/us/politics/20text-obama.html

OCDE (2016). *Panorama Estadístico de la OCDE. Economía, medio ambiente y sociedad, 2015-2016*. México: Conferencia Interamericana de Seguridad Social, Universidad Anáhuac México.

Sabine, George (1982). *Historia de la teoría política*. México: Fondo de Cultura Económica.

Secretaría de Hacienda y Crédito Público (2007). *Informe sobre la situación económica, las finanzas públicas y la deuda pública, Cuarto trimestre de 2006*. México.

Secretaría de Hacienda y Crédito Público (2008). *Informe sobre la situación económica, las finanzas públicas y la deuda pública, Cuarto trimestre de 2007*. México.

Secretaría de Hacienda y Crédito Público (2009). *Informe sobre la situación económica, las finanzas públicas y la deuda pública, Cuarto trimestre de 2008*. México.

Secretaría de Hacienda y Crédito Público (2010). *Informe sobre la situación económica, las finanzas públicas y la deuda pública, Cuarto trimestre de 2009*. México.

Secretaría de Hacienda y Crédito Público (2010). *Informe sobre la situación económica, las finanzas públicas y la deuda pública, Primer trimestre de 2010*. México.

Secretaría de Hacienda y Crédito Público (2010). *Informe sobre la situación económica, las finanzas públicas y la deuda pública, Tercer trimestre de 2010*. México.

Secretaría de Hacienda y Crédito Público (2011). *Informe sobre la situación económica, las finanzas públicas y la deuda pública, Cuarto trimestre de 2010*. México.

Secretaría de Hacienda y Crédito Público (2012). *Informe sobre la situación económica, las finanzas públicas y la deuda pública, Tercer trimestre de 2012*. México.

Secretaría de Hacienda y Crédito Público (2013). *Informe sobre la situación económica, las finanzas públicas y la deuda pública, Cuarto trimestre de 2012*. México.

Thorp, Rosemary (1998). *Progreso, pobreza y exclusión: una historia económica de América Latina en el siglo XX*. Washington, DC: Banco Interamericano de Desarrollo, Unión Europea.

Wallerstein, Immanuel (1998). *Liberalismo y democracia, ¿hermanos enemigos?* México: CEIICH-UNAM.